W0366314

Le discours de la haine

DU MÊME AUTEUR

Le Discours de la guerre, Editions de L'Herne, 1967, repris en coll. « 10/18 », 1974. Editions Grasset, 1979.
Stratégie de la révolution en France, Editions Christian Bourgois, 1968.
La Cuisinière et le Mangeur d'hommes, essai sur l'Etat, le marxisme, les camps de concentration, Editions du Seuil, coll. « Combat », 1975.
Les Maîtres penseurs, Editions Grasset, 1977.
Cynisme et Passion, Editions Grasset, 1981.
La Force du vertige, Editions Grasset, 1983.
La Bêtise, Editions Grasset, 1985.
Silence, on tue, avec Thierry Wolton, Editions Grasset, 1986.
Descartes, c'est la France, Editions Flammarion, 1987.
Quelques mots sur la parole : Slovo o slovu, de Vaclav Havel (trad. du tchèque par Barbora Faure), *Sortir du communisme, c'est rentrer dans l'Histoire*, d'André Glucksmann, Editions de l'Aube, coll. « Regards croisés » (éd. bilingue), 1989.
Le XIe Commandement, Editions Flammarion, 1991.
La Fêlure du monde : éthique et sida, Editions Flammarion, 1994.
De Gaulle, où es-tu ?, Editions Lattès, 1995.
Le Bien et le Mal, Lettres immorales d'Allemagne et de France, 1997. Editions Robert Laffont.
La Troisième Mort de Dieu, Nil éditions, 1999.
Dostoïevski à Manhattan, Editions Robert Laffont, 2002.
Ouest contre Ouest, Editions Plon, 2003.

André Gluckmann

Le discours de la haine

PLON

ISBN : 2-259-20060-5

Pour une rose de Tchétchénie très chère et si lointaine.

« ... Et je sais que de moi tu médis l'an passé.
— Comment l'aurais-je fait si je n'étais pas né ?
Reprit l'agneau, je tette encor ma mère.
— Si ce n'est toi, c'est donc ton frère.
— Je n'en ai point. — C'est donc l'un des tiens :
Car vous ne m'épargnez guère,
Vous, vos bergers, et vos chiens.
On me l'a dit : il faut que je me venge. »
Là-dessus, au fond des forêts
Le loup l'emporte, et puis le mange
Sans autre forme de procès. »

La Fontaine[1].

Tantôt brûlante et brutale, tantôt insidieuse et glaciale, une haine inlassable hante le monde. Son spectre obstiné et têtu saccage les relations privées et les affaires publiques. A chacune de ses apparitions on fait mine de tomber des nues. Imprévisible agressivité : les copains

1. J. de La Fontaine, *Fables*, *Le Loup et l'agneau*, La Pochothèque, p. 51.

s'aimaient tant avant de s'écharper. Quelle inimaginable cruauté dresse l'un contre l'autre des amants si tendres et doux ! Une incroyable férocité ravage une famille unie par une longue vie de labeur et d'émotions partagées, des flambées de violence déconcertent une cité assistée et réhabilitée...

Et chacun de s'offusquer, découvrant que mairies, écoles et commissariats n'éradiquent pas les conflits entre cages d'escalier, tout comme l'ONU, armée de sa sacro-sainte loi internationale, peine lamentablement à instaurer une paix planétaire partout souhaitée, partout rêvée, sans cesse dynamitée. La myopie perdure et ceux qui décidément veulent mourir idiots entonnent l'éternelle antienne du : « Comment est-ce possible au XXe siècle ? », retoquée au goût du jour : « Comment est-ce possible au XXIe ? ».

La prétention d'avoir tourné la page gouverne les qu'en-dira-t-on. N'avons-nous pas relégué les haines collectives dans les livres d'histoire et renvoyé les méchancetés individuelles aux bons soins des psychologues ? Peu importent les avertissements qu'assènent les innombrables pépins de l'actualité, l'euphorie moderne passe outre et s'empresse illico de démentir savamment ces démentis. Tout s'explique, se comprend, s'excuse. Le pédophile est victime d'une enfance malheureuse, l'assassin de vieilles dames argue de cuisants besoins d'argent, les violeurs de banlieues sont fils du taux de chômage et les « tournantes » dans les caves, où les filles de 15 ans sont outragées à répétition, relèvent d'une pénurie d'équipements sociaux. Dans la foulée, on maquille Ben Laden, en noble ou fâcheux représentant des humiliés et des offensés planétaires. Il serait stupide d'en faire une maladie, contre-productif de le monter en épingle, et malvenu d'exagérer la menace terroriste qu'il brandit avec ses émules. Des légions d'optimistes recommandent aux

Américains, traumatisés, trop angoissés, les calmants d'usage. Nos pharmacies ont réponse à tout.

Thèse majoritaire et bien-pensante : la haine majuscule, n'existe pas. Celui qui la pointe du doigt esquive les vrais problèmes. Celui qui croit « l'avoir » et la revendique est prisonnier d'un mirage. La haine, qu'il éprouve, et qu'il manifeste, doit être réduite à des causes extérieures qui la précèdent : malheurs, malencontres, misères, frustrations, humiliations et offenses. Ainsi pensent les Diaphoirus de l'âme. La haine n'est que le fruit gâté d'un manque d'éducation. Education qui se fait fort d'abolir ce qui n'existe pas. Acquittement général, embrassades unanimes.

Thèse défendue ici : la haine existe, nous l'avons tous rencontrée. A l'échelle microscopique des individus comme au cœur des collectivités géantes. La passion d'agresser et d'anéantir ne se laisse pas évacuer par les magies du verbe. Les raisons qu'on lui assigne ne sont que circonstances favorables, simples occasions, rarement absentes, de déployer une volonté de détruire pour détruire.

La haine existe, La Fontaine témoigne en une fable qu'autrefois les enfants des écoles récitaient par cœur, exercice qu'on leur évite sous le soleil de la modernité car trop de mauvais sentiments ânonnés en chœur peuvent nuire à la santé de nos bambins. Principe de précaution oblige.

« Un animal plein de rage », « une bête cruelle », un loup nous joue la haine à l'état pur, avec ses oripeaux traditionnels, la rage, la colère, la bestialité, la férocité, il en étale l'arsenal complet. La haine accuse sans savoir. La haine juge sans entendre. La haine condamne au gré de son désir. Elle ne respecte rien, elle croit faire face à quelque universel complot. En bout de course, cuirassée dans son ressentiment, elle tranche de tout par un arbitraire et souverain coup de dent. Je hais donc je suis.

1

De la Bombe H à la Bombe Humaine

> « Tout le monde s'éveilla. L'on chercha en s'éveillant, comme à tâtons, les lois : l'on ne les trouva plus ; l'on s'effara, l'on cria, l'on se demanda ; et dans cette agitation les questions que leurs explications firent naître, d'obscures qu'elles étaient et vénérables par leur obscurité, devinrent problématiques, et dès là, à l'égard de la moitié du monde, odieuses. Le peuple entra dans le sanctuaire : il leva le voile qui doit toujours couvrir tout ce que l'on peut dire, tout ce que l'on peut croire[1]. »
>
> Cardinal de Retz.

Par quel mystère insondable, par quelle incommensurable naïveté, le passager du XXIe siècle se condamne-t-il à jouer le surpris quand la haine force sa porte ? La haine l'assaille du dehors autant qu'elle grogne en chacun. Il a déjà, directement ou non, et ses pères avant lui, et les pères de ses pères, vécu des guerres énormes, des révolu-

1 Cardinal de Retz, « Mémoires », in *Œuvres*, La Pléiade, p. 201.

tions totales et totalement meurtrières, des génocides, spécialités du siècle qui l'a vu naître et croître. D'où vient qu'il se sente immunisé ? Pas ici. Pas moi. Pauvre bipède sans plumes et sans mémoire ! Le 11 septembre 2001, dans le petit matin new-yorkais, les Américains comptent plusieurs milliers des leurs assassinés d'un coup, gratuitement. Sans motif. Ils se trouvaient là, bêtement, sur place, au travail, au bistro, noir, blanc, jaune, femme de ménage ou banquier, pour soudain se découvrir jouets d'une volonté de tuer sans appel et sans tri.

Les citoyens des Etats-Unis choqués, abasourdis, furent davantage stupéfaits de constater qu'une bonne majorité des citoyens du monde manifestaient, touchant les auteurs du désastre, une complaisante compréhension. Seul un reste de décence a retenu certains d'applaudir. D'aucuns néanmoins firent éclater leur joie. Des esthètes glosèrent sur le feu d'artifice qui venait d'engloutir pas mal de leurs semblables. Pourquoi tant de détestation ?

Trois ans et une guerre d'Irak plus tard, ces mêmes Américains découvrirent que quelques-uns d'entre eux, en uniforme, ne dissimulaient plus leur plaisir, photos-souvenirs à l'appui, d'infliger humiliations et sévices à des prisonniers sans défense, réduits à moins que rien, animalisés, bestialisés, à poil, en pile. Ah ! le rire de Lyndie England ! La mutine soldate traîne en laisse un mâle arabe à quatre pattes. Elle prend la pose pour l'objectif, pouce levé de la victoire et sourire cheese dans les travées d'Abou Ghraib. Elle réussit son coup de pub et passe à la postérité. Sa bonne humeur macabre s'affiche à la une de tous les quotidiens. Elle révulse le monde entier. L'appareil militaire américain, de son côté, a pour le moins toléré, voire encouragé, des sévices moralement insupportables, politiquement contre-productifs et stratégiquement absurdes. Ce qui lui coûte cher.

Outrée l'opinion d'outre-Atlantique, puis mondiale, apprend, ou plutôt réapprend, que l'infection haineuse, loin de demeurer extérieure au civilisé, ne demande qu'à s'éveiller en chacun et en chacune. Interrogeant l'ignominie, les plus avertis ne se contentent plus d'explications simples attribuant à la fatalité des combats, à la singerie d'une sauvagerie adverse ou à quelque panique rentrée la soudaine transformation de braves GI's libérateurs en geôliers tortionnaires. Poussant la curiosité plus loin que la moyenne habituelle, quelques journalistes[1] font remarquer : la guerre en Irak n'est que circonstance favorable, manifestation conjoncturelle d'une pulsion qui la déborde et la précède. Même en temps de paix, l'ordinaire du système carcéral américain est agrémenté de sévices parents, que les braves gens ne tiennent pas en période normale à connaître. Il n'est pas besoin d'avoir lu Michel Foucault pour subodorer que la cruauté révélée au grand jour dans les prisons militaires n'a d'exceptionnel que la publicité et l'indignation qu'elle suscite. Ni proprement guerrière, ni exclusivement américaine loin de là, obscurément mais équitablement partagée, chaque jour la haine nous parle. Ces temps-ci elle parle à coups d'attentats et de chantages aux otages.

Un attentat n'est réussi que s'il taille dans la cervelle des survivants. Rendre fou le bourgeois, tel était déjà l'objectif de la « propagande par le fait » prêchée jadis par nos Ravachol parisiens, lorsqu'une marmite infernale interrompait au café Terminus les parties de cartes et la langueur des valses. A la Belle Epoque comme aujourd'hui, le terroriste veut vaincre, pas convaincre. S'il frappe n'importe qui et massacre au hasard des êtres inoffensifs, c'est que son action paie, non point en donnant à penser, mais en empêchant de penser. Il sidère. Peu importent les idées, peu chaut le prétexte, « le sage amassera assez de dynamite pour faire sauter la planète.

1. *New York Times*, 16-17 mai 2004.

Quand elle roulera par morceaux... une satisfaction sera donnée à la conscience universelle, qui d'ailleurs n'existe pas ». Ainsi Anatole France résumait-il en toute ironie le catéchisme nihiliste des poseurs de bombes. Les Emile Henry version laïque et pointure amateur font désormais florès en version théologique.

L'HORIZON D'HIROSHIMA

L'actualité s'annonce impitoyable. Les pouvoirs de l'inhumain et l'efficacité des haines mutent dangereusement. Une génération éprise d'écologie travaillait à « sortir du nucléaire », la voilà à son insu poussée vers un horizon plus difficile à envisager que celui qu'elle rêvait d'exorciser. Il lui faut à nouveau penser l'impensable, quitter l'ère de la Bombe H, passer à l'heure des bombes humaines.

Tôt ou tard, de gré ou de force, nos catégories mentales et morales seront bousculées. Depuis Hiroshima, un demi siècle durant, la capacité inouïe de mettre un terme à l'aventure humaine demeura le privilège d'une, puis deux et finalement sept puissances nucléaires. Cinq milliards de terriens vaguement concernés vaquaient à leurs occupations en déléguant, démocratiquement ou non, à quelques « grands » le soin ultime de leur survie. Cette confortable et générale insouciance paraît désormais hors saison. A partir du 11 septembre 2001, chacun sait ce dont presque chacun serait capable. L'apocalyptique faculté de siffler la fin de partie, jadis dévolue aux Dieux, puis monopolisée par les superpuissances, tombe à portée du grand public. Si armé d'un simple cutter, je peux, tu peux, il peut détourner un avion et le précipiter sur le Pentagone, aucune centrale nucléaire ne paraît hors d'atteinte. Le pouvoir dévastateur, propriété des détenteurs de l'arme « absolue », se dissémine et tombe dans l'escarcelle du plus grand nombre.

Deux générations à peine nous séparent de la révélation d'Hiroshima qu'elles tentèrent au fil des décennies de neutraliser. Sur le coup, soufflé par l'inédit de l'événement, Sartre opère, en nombreuse compagnie, une rupture de première grandeur qu'il nous faut aujourd'hui réitérer : « La communauté qui s'est faite gardienne de la bombe atomique est au-dessus du règne naturel car elle est responsable de sa vie et de sa mort : il faudra qu'à chaque jour, à chaque minute elle consente à vivre[1]. » Cette responsabilité toute neuve est définitive. Elle vaut après comme avant Manhattan. Elle s'impose à qui croit au ciel et à qui n'y croit pas. « L'absolu est descendu sur la terre par la voie de la terreur », ose en écho le philosophe chrétien Jean Guitton, ami du pape Paul VI. L'événement casse l'histoire en deux, aussi décisif que la descente de croix. « Désormais la métaphysique et la morale ne sont plus reléguées dans les consciences privées. Elles ne dépendent plus des religions. Elles quittent le secret des consciences et des oratoires. Elles s'inscrivent dans l'expérience, dans la politique, dans les problèmes internationaux, dans les conquêtes stratégiques... Une évidence va remplacer la foi. Danger de mort, ces mots sont inscrits (invisiblement) partout[2]. »

Cette inquiétante condition humaine, dès lors irréversiblement dotée du pouvoir d'émietter le monde, est définie par sa capacité universelle d'homicide, donc de suicide. Sartre poursuit à chaud : « Il n'y a plus d'espèce humaine... après la mort de Dieu, voici qu'on annonce la mort de l'homme. » Mais très vite, on oublie et les consolations foisonnent. L'équilibre de la terreur tempère les angoisses des piétons même philosophes. La cohabitation

1. J.P. Sartre, *Temps modernes*, oct. 1945, repris dans *Situations III*, Gallimard, 1949, p. 69.

2. J. Guitton, *La Pensée et la guerre*, Desclée de Brouwer, 1969, p. 218.

au bord du gouffre paraît relever du raisonnable. La perspective d'un néant égal pour les blocs rivaux glace les ardeurs belliqueuses. La guerre devient entre les Grands, mais entre eux seulement, « froide ».

La possibilité d'une paix dissuasive, fondée sur le risque partagé, ne tenait qu'à un fil, celui d'une hypothèse fragile que Sartre et ses contemporains espéraient acquise. « La bombe atomique, écrit-il, n'est pas à la disposition du premier venu, il faudrait que ce fou fût un Hitler. » Sur cet axiome optimiste, un demi-siècle a construit ses paix extérieure et intérieure. D'où un immense désarroi, quand une telle certitude se désagrège au grand jour. Les bombes humaines de Manhattan ont pris l'euphorique hypothèse dissuasive à contre-poil. Oui ! un pouvoir d'annihilation d'envergure nucléaire est devenu l'apanage d'un quelconque premier venu. Oui ! une volonté de dévastation équivalente aux rêves nazis s'acharne sur les civils et promeut le massacre des innocents en argument suprême. Hitler en kit, do it yourself.

Comment contenir, raisonner, paralyser une bombe humaine ? Jadis le terrorisme relevait d'un bouquet de mesures répertoriées avec soin — répressions policières, précautions économiques et sociales, procédures pédagogiques. Aujourd'hui un défi sans frontières interpelle *hic et nunc* nos raisons de vivre, nos espérances de survie et notre courage devant la mort. Il nous éduque plus qu'il ne se laisse éduquer. Il interroge chacun dans son rapport aux autres, au monde, à lui-même. Il est devenu notre problème philosophique n° 1.

FREUDIENNE DÉSILLUSION

L'histoire contemporaine se noue autour d'inattendues fractures. Le 11 septembre n'est que la dernière du genre. Des révélations fortes à vous couper le souffle font advenir la face calcinée d'une condition humaine, trop troublante, trop sidérante pour être perçue et reconnue en temps ordinaire. Peu nombreux, mais décisifs, des moments de vérité, de « dévoilement », court-circuitent les opinions courantes. Les traditions respectées cèdent devant une fulguration plus forte qu'elles. L'événement éclate, dit-on, comme l'éclair dans un ciel serein. On parle alors de tempête, puis de naufrage. Ces pauvres métaphores traduisent mal rétrospectivement l'irrésistible emballement des journées d'août 14, qui virent plonger dans l'abîme une Europe et une Belle Epoque, éclairées, inconscientes, tranquilles.

La déclaration de guerre, l'enthousiasme inattendu, la mobilisation joyeuse de toutes parts bouleversèrent de fond en comble les structures matérielles, économiques et sociales du vieux continent ; le péquin est touché dans sa chair et son esprit, ébranlé dans ses convictions et sa foi. L'époustouflant renversement des valeurs ne vient au jour qu'après coup, et petit à petit. Freud, parmi les premiers, dès 1915, décèle la prodigieuse « désillusion », le rejet « de toutes les limitations auxquelles on se soumet en temps de paix ». La « rage aveugle », que logent à leur insu nos civilisations, « renverse tout ce qui lui barre la route, comme si après elle il ne devait y avoir pour les hommes ni avenir ni paix[1] ». Et l'inventeur de la psychanalyse de détecter au cœur de la condition humaine une énigmatique « pulsion de mort ». Elle creuse en silence, au-delà du principe de plaisir, lovée sous les bruyantes roucoulades et fourberies d'Eros.

Quatre ans plus tard, la paix signée, rien n'est réglé. Comme l'avant-guerre parut jobard aux gueules cassées et aux revenants des tranchées ! On ne pouvait plus écrire, poétiser, philosopher, prier et politiser en rond comme

1. S. Freud, « Considérations actuelles sur la guerre et sur la mort » (1915), in *Essais de Psychanalyse*, Payot, 1981, p. 19.

avant. Le « Temps perdu » était perdu. Et ceux qui s'obstinaient à sacrifier aux bonnes pensées dormitives furent en moins de vingt ans balayés. « Les cons ! », chuchote délicatement Daladier plébiscité pour avoir sauvé « la paix » en cédant devant l'Allemagne nazie. L'ébranlement de 14-18 n'avait produit que des quarts de vérité. L'histoire répéta en pire ses tragiques avertissements.

L'HOMME SANS VISAGE

> « Maints instincts de haine et de violence sommeillent dans les cœurs humains, que les enseignements reçus, les préceptes de la morale, tiennent difficilement en échec. De quels ravages, ces forces élémentaires ne sont-elles point capables, à partir du moment où — au lieu de s'opposer à leur essor — la justification morale, la consécration idéologique, viennent leur prêter main-forte et les stimulent plutôt que de les freiner ? Aussi bien par des renversements déconcertants, les hommes ont-ils de tout temps su faire tourner au profit de telles passions leurs évangiles les plus élevés. »
>
> L. Poliakov[1].

La Deuxième Guerre mondiale à peine close, l'exigence de penser contre son passé fit immédiatement surface. Revue phare des années 50, les *Temps modernes* allaient donner le *la* pour une génération entière, quitte à se déchirer autour des enjeux fixés par les deux directeurs de la publication, Merleau-Ponty et Sartre.

1. L. Poliakov, *Le Bréviaire de la haine*, Livre de Poche, p. 367.

Le premier, dès le numéro inaugural, en 1945, enterre peu respectueusement, sans fleurs et sans couronnes, les maîtres à penser qui avaient bercé ses somnambuliques études. « On nous invitait à retrouver le moment où la guerre de Troie pouvait encore n'avoir pas lieu... Nous savions que les camps de concentration existaient, que les juifs étaient persécutés, mais ces certitudes appartenaient à l'univers de la pensée. Nous ne vivions pas encore en présence de la cruauté et de la mort, nous n'avions jamais été mis dans l'alternative de les subir ou de les affronter. »

Le second, à quelques pages de distance, enfonce le clou. « Nous avons cru sans preuve que la paix était l'état naturel et la substance de l'univers, que la guerre n'était qu'une agitation temporaire de sa surface. Aujourd'hui nous reconnaissons notre erreur : la fin de la guerre c'est tout simplement la fin de *cette* guerre. » Et s'il en allait de même en fin de guerre froide ?

Les fruits accomplissent rarement la promesse des fleurs. On peut douter que les œuvres et les engagements, bientôt antagoniques, qui suivirent, aient répondu ou seulement correspondu à la radicalité de la question posée. Deux fois, en un siècle, l'interrogation forée par des conflits inouïs s'est retrouvée plus importante, plus profonde, plus décisive que les réponses, servies à la va-vite, déclinées par l'élite pensante pour s'innocenter et consoler des âmes fragiles. Les réponses camouflaient le vertige. La question, elle, renvoyait l'image véridique, brouillée et déchirée, de l'homme et d'une humanité réduits à néant. « Il est généralement dans le fait d'être homme un élément lourd, écœurant, qu'il est nécessaire de surmonter. Mais ce poids et cette répugnance n'ont jamais été aussi lourds que depuis Auschwitz. Comme vous et moi, les responsables d'Auschwitz avaient des narines, une bouche, une voix, une raison humaines, ils pouvaient s'unir, avoir des enfants : comme les Pyramides ou l'Acropole, Auschwitz est le fait, est le signe de l'homme.

L'image de l'homme est inséparable, désormais, d'une chambre à gaz[1]. »

Prêcheur amoral, censé ne s'offusquer de rien, gourmand du marquis de Sade, apôtre des transgressions les plus épate-bourgeois de son époque, Georges Bataille dresse le constat angoissé de ce qu'on commence, alors, à appeler « la mort de l'homme ». L'université occidentale s'était targuée deux siècles durant, de répondre avec les Lumières aux questions critiques : que peut-on savoir ? Que doit-on faire ? Qu'est-il permis d'espérer ? Trois manières savantes, morales et religieuses de formuler, selon Kant, la question des questions : qu'est-ce que l'homme ?

Après 1918 et plus encore après 1945, l'image de l'homme devint inimaginable et l'idée de l'humanité rien moins qu'équivoque. A la lumière sombre des charniers de plus en plus planétaires, une question préalable s'impose : qu'en est-il de l'inhumain de l'homme ? De quoi faut-il désespérer ? Questions premières.

Repérons-en cet effet que Freud nomme « désillusion », et que je peux traduire aussi « désenchantement », la soudaine lucidité que la tourmente provoqua ; elle s'irradie rétro-prospective, en deçà et au-delà de l'événement proprement dit. Comme si débordant sur l'avant et l'après-guerre, la bataille ne livrait pas seulement la vérité de l'être en uniforme, mais celle de l'homme tout court, tout nu. De l'homme expulsé des illusions d'une paix romaine ou moderne, extérieure et intérieure, garantie. Les terribles épreuves arrachent les individus à leurs abris fallacieux ; elles tirent l'individu de ses songeries rose bonbon et somment la société d'abandonner une comique « Coucouville les Nuées » pour affronter la dureté tragique du principe de réalité. Dans le meilleur

1. G. Bataille, « Critique », in *Œuvres complètes*, T. XI, Gallimard, p. 226.

des cas, m'enseigne Eschyle, la leçon paie. On passe alors du « pathein » au « mathein », de la passion à la raison, ou, plus exactement, de l'expérience de la souffrance au savoir de cette expérience. Intelligence de la condition humaine, intelligence de ses limites.

Plus souvent, pourtant, on bute sur les limites de l'intelligence. A peine le gros de la tempête passé, on s'emploie à « tourner la page ». C'est-à-dire à replâtrer les illusions d'antan, à réhabiliter les voies sans issues, à redorer les clochers de Coucouville. On se détourne du principe de réalité et de ses vérités ni faciles à vivre ni bonnes à dire. On a tôt fait de refouler.

L'INSTANT NIHILISTE

Qui est terroriste et qui ne l'est pas ?

Le despote ou l'envahisseur disent : sont terroristes toutes les opérations d'une guerre irrégulière menée par des combattants sans uniforme contre d'autres en uniforme. C'est la définition de Napoléon aux prises avec les guérillas espagnoles et russes, des nazis face aux mouvements de résistance.

Au contraire, je nomme terroriste l'attaque délibérée menée par des hommes en armes contre des populations désarmées.

Est terroriste l'agression ourdie contre des civils en tant que civils, inévitablement surpris et sans défense. Que les preneurs d'otages et les massacreurs d'innocents soient revêtus d'uniformes ou pas, emploient des armes blanches ou pas, ne change rien. Qu'ils se réclament d'idéaux sublimes, ne change rien non plus. Seule compte l'intention avérée, opérationnelle, de dégommer n'importe qui. Le recours systématique à la voiture piégée, aux attentats suicide, tuant au hasard le plus de passants possible, définit un style d'affrontement spécifique.

Quand, après la chute de Saddam Hussein, les attentats terroristes se multiplient en Irak, ils n'épargnent d'entrée de jeu personne et surtout pas les Irakiens, les écolières dans les bus, les hommes et les femmes au marché, les enfants sur les trottoirs et les fidèles dans les mosquées.

Tandis que les naïfs, les faux naïfs et les salauds s'obstinent à pratiquer l'amalgame pour conforter leurs positions idéologiques préalables et baptisent « résistant » le tueur d'innocents, des esprits plus lucides, pas systématiquement pro-américains, loin de là, dévoilent un tout autre paysage stratégique. Sous le titre « Nihilisme », le *Monde diplomatique*, dont on connaît les positions en l'occurrence farouchement pacifistes, a pris soin cependant de traduire l'éditorial d'un journal libanais, publié sous contrôle de l'occupant syrien, donc peu suspect de tendresse américanophile :

« L'opération d'hier contre le siège des Nations unies à Bagdad relève de cette mentalité de la destruction. Expulsons tout médiateur. Bannissons chaque organisation internationale. Que la situation s'effondre. Que l'électricité et l'eau soient coupées. Que le pompage du pétrole s'arrête. Que le vol prévale. Que les universités et les écoles ferment. Que les affaires fassent faillite. Que la vie civile s'arrête. Et au bout du chemin l'occupation échouera. » Non !, proteste Joseph Samara, « au bout du chemin, ce sera une catastrophe pour l'Irak et une demande accrue pour que les Etats-Unis restent ». Il poursuit : « L'attaque contre le siège des Nations unies à Bagdad appartient à un autre monde ; c'est une forme de nihilisme, d'absurdité et de chaos qui se cache derrière des slogans fallacieux, qui prouve la convergence entre les responsables de cette action, leur limitation intellectuelle et leur comportement criminel[1]. »

1. *Monde diplomatique*, septembre 2003, *Al-Safir*, 20 août 2003.

Joseph Samara a raison, nous sommes entrés dans un autre monde. Il ne relève plus des anciennes catégories. La menace d'un nouveau ground zero, mini ou méga, avance masquée. Elle est par définition impalpable. La bombe humaine hérite de l'ancien terrorisme la prétention de frapper n'importe où, n'importe comment, n'importe quand. Elle étend désormais sur l'univers sa menace nocturne, invisible donc imprévisible, clandestine donc insituable. Le terroriste sans frontières nous rappelle à son souvenir là où nul ne l'attend. Sans l'accidentel retard sur les rails, quelques petites minutes, la pulvérisation des deux trains madrilènes, en gare d'Atocha, promettait plus de 10 000 victimes, trois fois plus qu'à Manhattan. A qui le tour ? Combien ? Et chacun d'attendre la prochaine explosion recroquevillé dans un cocon de plus en plus surréel.

Le terroriste nouvelle donne s'affiche nihiliste. Sans tabou. Sans règle. Sans foi ni loi. Pourquoi dissimulerait-il sa haine effrénée ? Il la brandit comme une baguette magique. Elle décuple la frayeur qu'il diffuse. Aucune limite géographique, politique, morale, idéologique, ne trouve grâce à ses yeux. Il massacre les siens et pas moins l'étranger, les promeneurs et les militaires, les nourrissons, les fillettes et les vieillards. Dans cette permanente transgression de toute retenue édictée par les us et coutumes, il affirme la terrible fureur, hybris grec, furor latine, où les anciens pointaient le ressort de la tragédie et la dynamique des catastrophes. Alors que le guerrier traditionnel s'échine à dompter en lui et contenir en l'autre une rage sauvage dont il veut rester maître et non finir esclave, le possédé d'aujourd'hui fait bloc avec sa fureur, sans distance, sans scrupule, sans retour en arrière.

LA LEVÉE DES INTERDITS

Le propre du terroriste est de terroriser, énonce Lénine, maître incontesté en la matière. Le fin du fin réside dans l'inversion des facteurs. Mode d'emploi : je prends des otages, je leur tranche la tête, je l'exhibe ; ceux qui implorent quelque clémence doivent s'adresser à leurs gouvernants, seuls et véritables responsables de mes crimes ; mon hybris est leur problème. Plus elle s'annonce sans freins, davantage elle se donne à craindre et plus tôt vous plierez en pleurant.

« Pendant qu'Abou Rachid explique son « devoir de tuer », on se remémore les cris de bête de Nick Berg, l'otage américain, qui agonise pendant que ses bourreaux s'acharnent laborieusement sur son corps recroquevillé : « Vous savez, quand nous décapitons, nous y prenons plaisir », tient à nous faire savoir en anglais l'un des hommes assis à la droite de l'émir... « Nous ne kidnappons pas pour effrayer ceux que nous retenons, corrige-t-il, mais pour exercer des pressions sur les pays qui aident ou s'apprêtent à aider les Américains. A quoi pensent-ils, ceux qui viennent dans un pays occupé ?... Ce n'est pas une bonne chose que de décapiter. Mais c'est une méthode qui marche. Au cours des combats, les Américains tremblent. Et regardez la juste réaction des Philippines. Grâce à leur attitude, qui nous a permis de libérer notre otage, nous avons pu montrer au monde que nous aussi nous aimions la paix et la clémence... D'ailleurs, j'ai essayé de négocier l'échange de Nick Berg contre des prisonniers. Ce sont les Américains qui ont refusé.

Ce sont eux les vrais responsables de sa mort[1]. »

L'hybris terroriste tire argument de ses pulsions incontrôlables : c'est plus fort que moi, cède ! Pareille stratégie

1. Sara Daniel, reportage in *Nouvel Observateur*, 5-11 août 2004.

de la rationalité de l'irrationnel ponctue les scènes de ménage et pave les cours de récréation — retiens-moi ou je fais un malheur ! Le terroriste raffine, il fait durer son plaisir, il prolonge la mort, il égorge lentement, il martyrise la vie au-delà d'elle-même. La mise en scène terroriste parle. Même au sourd qui refuse de l'entendre.

Rappelons Antigone. La jeune audacieuse ne proteste pas contre les combats, mais s'insurge contre leur prolongation au-delà. Ses deux frères ont vidé leur querelle, l'un vainqueur, l'autre vaincu, ils gisent morts tous deux. Le compte est bon, elle l'accepte. Elle exige que le combat cesse avec la mort des combattants. Elle se dresse pour qu'un droit égal soit accordé à l'un comme à l'autre ; une sépulture honorable pour chacun signerait un cessez-le-feu définitif. Aucune dépouille ne doit traîner abandonnée aux hyènes et aux rapaces. Créon qui commande bafoue sciemment le respect dû aux défunts cultivé par les sociétés humaines depuis la préhistoire. L'ordre blasphématoire du Roi, de refuser à l'un les funérailles qu'il accorde à l'autre, menace la cité.

« Tout à la haine les villes sont secouées de fond en comble
là où les chiens ont consacré des lambeaux de chair,
Ou bien les fauves, ou bien un oiseau ailé, qui porte
l'odeur impure jusqu'à la ville, gardienne du foyer. »

Pas de négligence. Pas d'omission. L'outrage fait au cadavre est délibéré, la transgression revendiquée :

Créon : « Jamais l'ennemi n'est ami, même s'il est mort. »
Antigone : « Je ne suis pas faite pour vivre avec ta haine[1]... »

Ressusciter les morts, fût-ce en image vidéo, afin de les exécuter une seconde fois ; cette pulsion d'au-delà de la guerre qui la prolonge à l'infini de l'autre côté de la vie,

1. Sophocle, *Antigone*, traduit par Jean et Mayotte Bollack, Minuit, 1999.

c'est cela la haine pure. Laisser libre cours à l'hybris meurtrière, signale la tragédie antique, provoque la peste et programme l'enfer sur terre. Une guerre traditionnelle, si sauvage soit-elle, se termine. La guerre terroriste, en revanche, abandonnée à la fureur sans limites, ne connaît pas de cessez-le-feu. Elle substitue à la démonstration de force la démonstration de haine, qui, nourrie de ses propres abominations, devient inextinguible.

Les animaux croqueurs de cadavres accourent empester la cité, insiste Sophocle. La maladie éminemment contagieuse est à prendre au pied de la lettre, la haine diffuse la peste, la peste s'inocule à tous, adversaires et amis, la haine distille son venin en guise d'antidote. Infligeant sévices, tortures, humiliations à leurs prisonniers des soldats, en principe civilisés, en viennent à traiter des vivants comme des morts pour franchir allégrement les frontières qui séparent la république du jour de la tyrannie de la nuit. « Qui-a-la-haine » ne connaît en lui et ne reconnaît autour de lui que l'infection qu'il propage comme une législation unique et universelle.

UN AVANT-GOÛT D'APOCALYPSE

Je sais désormais comment notre monde peut finir. 3 septembre 2004, désolation, un enfer à la Jérôme Bosch éclate en mondovision. Une école prise en otage, reprise. Quelle férocité ! Combien sont-ils d'emprisonnés, écoliers, parents, professeurs ? Quel pourcentage de victimes ? Des chiffres sont lancés. Tous faux. Une foule hagarde traverse l'écran sans comprendre, les parents éperdus ignorent si leurs enfants vivent encore, et les enfants leurs parents, les officiels mentent effrontément, les soldats tirent… au lance-flammes, au fusil-mitrailleur sur un gymnase bondé. Sur le coup, les reporters n'arrivent pas à se faire une idée ni à vous en donner.

Ceux qui vivent la fin du monde ne la voient pas, ceux qui la voient ne la vivent pas encore, mais sont condamnés à méditer, fût-ce contre eux-mêmes au bord du gouffre. Un petit garçon coiffé d'une casquette trop grande pour lui, étoile jaune sur la poitrine, sort les mains en l'air d'un trou dans le ghetto de Varsovie : une fillette vietnamienne en flammes fuit le napalm qui la cerne ; des virgules lointaines mais trop humaines se jettent des tours de Manhattan. Aujourd'hui, des gosses ensanglantés et hagards, en petite culotte, s'échappent entre deux feux. Autant de témoins de l'abîme qui vont me poursuivre jusqu'à la tombe. J'ai, depuis dix ans, prévu le pire désastre, si la très sale guerre de Tchétchénie devait se poursuivre. Je suis inconsolable des enfants morts à Beslan, effrayé, désarmé, comme tous, en découvrant dans le regard exorbité d'un otage que l'impossible est possible.

Il ne faut pas fuir ces images. Elles sont prophétiques. Le dispositif apocalyptique qui s'enclenche sous nos yeux est porteur d'avenir. Un avenir abominable. Comme une fusée maléfique à trois étages pointée non seulement sur le Caucase et la Russie, mais sur l'Europe entière.

1/ Beslan est la plus folle prise d'otages de l'histoire. Par la quantité des victimes, mais plus encore par la qualité d'absolue cruauté qu'elle manifeste. Qui accroche ses bombes en guirlandes au-dessus de centaines d'enfants, qui les menace de mort s'ils pleurent, qui les réduit à boire leur pipi ne recule devant rien. Et surtout pas devant l'enfer. Aujourd'hui une école kidnappée, demain une centrale nucléaire fracassée ? Pourquoi pas, puisque ces terroristes n'ont souci ni de la mort des autres ni de la leur. Inutile de spéculer sur leurs motifs célestes ou terrestres, il faut les juger à leurs actes : ces assassins d'enfants sont les pires des assassins, des ennemis de l'humanité, une pègre qui goûte la sensation « vive et délicieusement perverse » que donne le sang versé, dit Varlam Chalamov (vingt ans de goulag). Première figure du chaos.

Qui compose le commando de tueurs ? « Les Tchétchènes » diffusent les autorités russes avant d'en avoir vu un seul. Deux jours plus tard Serguei Ivanov, ministre de la Défense de Poutine, conteste : « Pas un seul Tchétchène dans le commando. » Peu crédible. « Dix Arabes, un Nègre, un Coréen, des Géorgiens, des Tatars, des Kazakhs », annoncent divers officiels, sans plus de preuves. Aouchev, ancien président d'Ingouchie, viré par Poutine, **seule** personne à avoir eu le courage d'entrer dans l'école pour parlementer sans mandat avec les preneurs d'otages masqués, perçoit un groupe multiethnique avec des Ingouches, des Ossètes, des Slaves (Russes ? Ukrainiens ?). Bref ce commando n'est ni spécialement composé de – encore moins représentatif des – Tchétchènes : il est immédiatement, absolument condamné par le président indépendantiste Maskhadov qui demande une enquête internationale. Vladimir Poutine accuse « le terrorisme international », ne prononce pas le mot « Tchétchénie », exige une solidarité mondiale, mais refuse toute aide internationale dans l'enquête. L'offre d'Interpol est rejetée. Saura-t-on un jour ? Rideau de fumée opaque. Poutine se paie même le luxe et le cynisme de vanter, côté pile, l'héroïsme de la Tchétchénie devant un parterre d'experts étrangers : « Pas une parcelle de notre terre ne compte autant de héros. »

Parallèlement, le Kremlin, mettant à prix la tête de Aslan Maskhadov, ne perd pas l'occasion, côté face, de stigmatiser une population entière. Et voilà un peuple depuis dis ans massacré transformé en peuple massacreur. **Des** Tchétchènes entre d'autres abominables coupables : oui. **Les** Tchétchènes, non !

Haines contre haines l'incendie progresse. Dix jours plus tard le terroriste Bassaiev finit par assumer le crime contre l'humanité de Beslan. Cette tête brûlée tchétchène, devenue crapule, fut formée par les services secrets de l'armée russe (GRU) qu'il servit en Abkhazie contre la Géorgie (1991-1992) ; concurrent malheureux de Maskhadov aux élections de 1997, il s'entend avec le plus payant ; avant de pactiser avec les Wahabites, il reçut des valises de dollars (2 millions, dit-on) de l'oligarque Berezovski (cette éminence grise de Eltsine chaperonna Poutine en ses débuts de chef de gouvernement). Son discours est court, il s'autorise des crimes de l'armée russe pour faire pareil. L'intraitabilité de Poutine emprunte au même argumentaire. Implacable, le minétisme haineux déroule sa spirale infernale. L'outrance de l'un motive l'outrage de l'autre. Chacun promet de renchérir la fois suivante selon une escalade mortifère dépourvue de cran d'arrêt. Terrorisme d'Etat et terrorisme du groupuscule fonctionnent en miroirs.

2/ Face au commando nihiliste, que rien ni personne ne saurait excuser, justifier, comprendre et surtout pas moi, il y a, en effet, l'autre composante du chaos, les « forces de l'ordre », russes, qui ont « libéré » en tuant. Pas besoin d'une décision explicite pour lancer l'assaut, il suffit d'exclure d'emblée toute tentative pour fatiguer, diviser, isoler les preneurs d'otages : « La négociation est un aveu de faiblesse », dit Poutine. L'étincelle sera due au hasard – une bombe qui se décroche ? Des parents désespérés qui partent récupérer leurs mômes à la pointe de leurs tromblons ? Les « spetnaz » armés jusqu'aux dents s'engouffrent dans la brèche en titrant dans le tas. Pareil mépris du « matériel humain » – aujourd'hui les enfants, hier les spectateurs gazés de la Doubrovka – est une constante brutale héritée des Tsars et de Staline. Force doit rester au Pouvoir.

Lorsqu'en 1999 Poutine envahit la Tchétchénie, il prétend affronter 2 000 terroristes. Il lance ses bombardiers, ses tanks et 100 000 soldats à l'assaut d'un pays grand comme l'Ile-de-France, peuplé à peine d'un million de personnes. Il rase Grozny (400 000 habitants). Si pareil carnage vaut pour « lutte antiterroriste », il faut demander pourquoi les Anglais n'ont pas rasé Belfast, les Espagnols Bilbao, et les Français Alger pour retrouver Ali La Pointe et ses comparses. La sauvagerie du KGB est à l'œuvre à Beslan comme dans la Tchétchénie entière. « Tchékiste une fois, tchékiste toujours », tel est le credo du maître actuel du Kremlin. La Tchéka c'est la gestapo soviétique, l'ancêtre du KGB, père du FSB.

La haine infuse et diffuse la haine. Elle est coloniale et raciste. « Les Russes n'ont pas hésité à donner l'assaut, dit un survivant, ils se moquent qu'il y ait plein de victimes. Nous sommes tous du Caucase, Tchétchènes, Ingouches, Georgiens ou Ossètes c'est pareil pour eux : tous des *culs noirs*[1] ». Elle est stalinienne : en 1944 la totalité des Tchétchènes sont déportés au Goulag en trois jours. Dans l'affolement général elle ressurgit populaire : « Staline avait raison, il faut les (tchétchènes) supprimer de la surface de la terre[2]. » Contagion.

3/ Nous sommes partie prenante de ce désastre. Pas un gouvernement occidental n'a osé interroger le palmarès d'un pompier pyromane, qui en cinq ans de guerre n'a pas réussi à « buter les terroristes jusque dans les chiottes » en brûlant les maisons, les villes et les villages, mais parvient à étendre le chaos au Caucase entier. L'Europe et les Etats-Unis lui laissent carte blanche et se disputent son amitié. Effarante démission de l'intelligence.

Rappelons que le débat sur l'Irak a vu s'affronter « deux visions du monde ». Paris et le « camp de la paix » affirment que le terrorisme est fils de la guerre qu'il faut à tous prix éviter. Washington et ses alliés proclament que l'oppression est cause du terrorisme, la liberté étant mère

1. *JDD*, 5 septembre 2004.
2. *Le Monde*, 7 septembre 2004, reportage.

de la paix : une ingérence en son nom peut s'avérer nécessaire. Nul n'ignore que la population tchétchène a perdu un quart ou un cinquième des siens. Pour qui manque d'imagination, disons que la saignée serait en proportion pour la France de 10 à 15 millions d'habitants. La Tchétchénie subit la pire des guerres actuellement menée sur le globe : 40 000 enfants tués, sans images, dans la nuit et le brouillard. Un arbitraire des plus sanglants gouverne à huis clos ce que la journaliste russe Anna Politkovskaia appelle « un camp de concentration à ciel ouvert », soit un pays entier mis en coupe réglée, interdit aux caméras, où seuls pénètrent quelques reporters tellement courageux.

Belle occasion pour nos « deux visions du monde » d'accorder leurs violons et d'honorer les principes dont ils se réclament : le calvaire de la Tchétchénie relève des deux critères. Trois siècles d'oppression ont créé la rébellion. La sauvagerie de la dernière guerre favorise le terrorisme. Il est plus qu'urgent de retenir Poutine par la manche en lui expliquant, côté Paris que sa guerre – et côté Washington que sa terreur – engendrent le chaos nihiliste. Mais non ! Perdus les grands principes ! La politique de l'autruche triomphe, tête dans le sable, les puissants de ce monde ne voient rien venir.

Ont-ils oublié si vite le scénario afghan ? Pendant dix ans l'armée russe, alors « rouge », a exercé ses talents destructeurs en Afghanistan : territoire dévasté, peuple décimé, structures sociales, mentales et morales décomposées, dans le chaos s'installent les plus gangsters, les plus fanatiques, d'où les Talibans, d'où Ben Laden, d'où Manhattan en flammes. L'Occident aveugle avait abandonné le commandant Massoud, opposé aux Soviétiques puis aux intégristes. On s'aperçut de l'erreur trop tard. On en fait une icône... une fois mort. En Tchétchénie, il existe un chef indépendantiste modéré ; Aslan Maskhadov a toujours condamné les attentats contre des civils. Dès la première heure de Beslan, il a proclamé son horreur du crime, il a proposé ses services, les autorités russes ont préféré l'assaut à sa médiation. Comme Massoud, c'est un bon stratège, il a vaincu la pléthorique armée russe en 1996. Comme Massoud, c'est un héros pour son peuple. Comme Massoud, ce n'est pas un saint, il a commis l'erreur de pactiser un temps, au nom de l'unité nationale contre l'occupant, avec ses extrémistes. Mais, comme Massoud en Afghanistan, il est en Tchétchénie le seul allié de nos démocraties. C'est avec lui, qui fut élu président (67 %) sous contrôle de l'OSCE, qu'il faut négocier une paix antiterroriste. Il a, depuis deux ans, proposé un plan : cessez-le-feu, désarmement des milices indépendantistes, retrait des forces russes, force d'observation internationale et abandon provisoire de la revendication d'indépendance. Sans son aide, pas d'issue. Sinon, versant russe : la pente de l'extermination. Sinon, versant tchétchène : l'extension du nihilisme.

Comment expliquer l'irresponsabilité de nos responsables ? Les gouvernements démocratiques ne sauraient reprendre à leur compte la criminilisation raciste d'une nation entière : tous les Tchétchènes = assassins d'enfants = Ben Laden. Connaissent-ils le quotidien de douleur, de deuil, de tortures, l'horreur des « fagots humains[1] », des camps de « filtration », des viols et des disparitions, des chasses à l'homme, des colliers d'oreilles et du commerce des cadavres ? Oui. Ils savent.

Sont-ils assez crédules pour donner *quitus* à Poutine et gober que la paix et la « normalisation » règnent dans le Caucase ? Ignorent-ils qu'un Tchernobyl délibéré n'épargnerait personne ? Je ne peux croire à tant de bêtise chez les princes qui nous représentent. Force est de supposer qu'ils ont confié le soin de notre sécurité à l'apprenti sorcier du Kremlin. Espèrent-ils, sans peut-être se l'avouer,

1. Rappel : ficeler ensemble des hommes, des femmes, des enfants et jeter une grenade dans le « fagot ».

qu'il exterminera les Tchétchènes avant que des survivants ne pactisent avec le diable nihiliste ? Pareil pari sur une guerre sans fin est d'une immoralité remarquable, mais constitue surtout une aberration politique. Après tant de massacres et à la lumière noire de Beslan, le bilan guerrier de Poutine parle de lui-même, c'est celui d'un boucher chaotique, celui d'un fabricant d'apocalypse. Il est temps, puisque Maskhadov vit encore, de rappeler Poutine à l'ordre, de l'inviter hautement et publiquement à changer de méthode.

Depuis dix ans, nos dirigeants méprisent les indignations « morales ». Depuis dix ans, ils s'affirment « réal-politiciens » : le monde ne s'arrête pas de tourner pour Grozny, évitons de froisser la géante Russie, laissons aux illuminés leur « moraline » d'impuissants. Excusez-moi, mais sans principe éthique, il n'y a pas de politique à long terme. Morale et politique ne se dissocient pas comme le croient les Machiavel de sous-préfecture. La « politique » des Airbus et des hydrocarbures, la « politique » des courbettes, la « politique » du « je me fous royalement qu'un peuple soit exterminé », mène à Beslan. Ce n'est pas de la politique, c'est de l'aveuglement.

La « belle âme » dont ils se gaussent et que j'assume pour avoir avec quelques rares amis combattu les fascismes noir, rouge et vert, pour avoir soutenu à l'époque de leur persécution Soljenitsyne, Sakharov, Havel, Massoud, Solidarnosc, les boat people, les assiégés de Dubrovnik et de Sarajevo, les expulsés du Kossovo, les égorgés d'Algérie... tous ces « sans-pouvoirs » sur lesquels les « réalistes » ne misaient pas un clou, ma très pitoyable « belle âme » vous dit... on ne raye pas impunément un peuple de la carte, fût-il dérisoirement petit au regard de nos grandes nations.

Est nihiliste la volonté d'exister sans règles ou d'agir sans interdits. L'horreur de Beslan conjugue trois versions de cette pathologie moderne. Il y a le nihilisme ultime, absolu, de l'assassin suicidaire qui se rend otage de sa prise d'otages ; il n'a cure de la différence entre vie et mort. Il y a le nihilisme actif, la stratégie à la Poutine de qui se croit tout permis et ne distingue plus entre mensonge et vérité. Il y a les nihilistes passifs, nous, qui sans principe de réalité, yeux fermés, permettons tout à ceux qui se permettent tout. Le nihiliste plane au-delà des différences humaines, trop humaines, par-delà le bien et le mal, l'existence ou la non existence, le vrai et le faux.

Nietzsche, beaucoup plus euphorique qu'on ne dit, avait repéré les trois stades de l'assentiment à la cruauté pour chanter leur succession triomphante : après le chameau – qui supporte – arrive le lion – qui transgresse et brise –, enfin l'enfant, « innocence et oubli », éternel retour qui s'autorise n'importe quoi puisqu'il ignore la mort. Derrière le nihilisme rose de Zarathoustra, sachons décrypter le nihilisme noir de l'escalade apocalyptique · lorsque des adultes, faisant l'enfant, se proclament « affirmation sainte[1] », ils virent avec une aisance déconcertante assassins d'enfants et se clament innocents du massacre des innocents.

LE DÉFI POST-NUCLÉAIRE

L'astrophysicien repère, me suis-je laissé dire, dans l'immensité étoilée d'énormes « trous noirs » baladeurs. A leur contact des soleils lointains disparaissent avec leurs planètes, avalés par d'insondables bouches d'ombre. Depuis toujours, les civilisations humaines ont côtoyé d'analogues abîmes, d'où monte la préfiguration d'une fin de toutes choses. Dans la tradition, pareille annihilation implique une divinité jalouse ou vengeresse, parfois des

1. F. Nietzsche, *Ainsi parlait Zarathoustra*, partie I, « Des trois métamorphoses ».

démons malveillants. En termes plus sobres, les premiers penseurs de la Grèce antique ont évoqué une infinitude (apeiron) menaçant d'engloutir la vie et les vivants, comme, à la manière de Mallarmé, « dans ces parages du vague en quoi toute réalité se dissout », l'océan impose au naufragé « la neutralité identique du gouffre ».

S'exerçant à penser les trous noirs qui menacent les sociétés, les comparant aux cataclysmes naturels, aux séismes, aux volcans et aux épidémies, les inventeurs de la philosophie occidentale refusaient d'y déceler une sanction surnaturelle et n'entendaient pas nier la responsabilité des mortels. Si dieu est hors de cause, soit parce qu'il n'existe pas, soit parce qu'il est trop loin, la flamme qui risque d'emporter l'humanité est humaine, irréductible à une fatalité impersonnelle et automatique. Le principe destructeur nous habite, que nous le sachions ou non, martèlent les auteurs tragiques. La haine rampe comme la « peste » de Thucydide, non pas une affection bubonique purement physiologique mais un dérèglement essentiellement mental, qui s'empare des corps, des têtes et de la collectivité.

Inopinés et tâtonnants explorateurs du XXIe siècle naissant, n'avons-nous encore rien vu ? Peut-être viendrons-nous à considérer, avec nostalgie, la chance paradoxale du siècle passé qui pourtant écopa d'Auschwitz et d'Hiroshima... mais séparément. Peut-être. Aurions-nous ignoré le pire à distinguer encore deux pôles d'infortune ? Peut-être. Le terrorisme nouvelle donne s'emploie à en mixer les ingrédients et allume des minicocktails d'épouvante. Ce n'est qu'un début ? Peut-être.

La guerre froide suivait la logique intangible de l'affrontement entre deux camps et sacrifiait à une dualité indépassable des menaces. L'une était dissuasive, inter-blocs et d'annihilation réciproque. L'autre, terroriste, cantonnait à l'intérieur de chaque camp l'extermination sauvage des populations civiles. Conflit mondial et insurrections locales mobilisaient des haines implacables qui, pourtant, ne fusionnaient pas. Aujourd'hui, le terrorisme mondialisé élimine les frontières géostratégiques et les tabous traditionnels. Les dernières secondes des condamnés de Manhattan ou d'Atocha nous ont transmis deux messages en un. « Ici abandonne toute espérance », injonction dantesque portée par une bombe qui fait table rase. « Ici il n'y a pas de pourquoi », évangile nihiliste des SS à tête de mort. Hiroshima a signifié la possibilité technique, définitivement acquise, d'un désert de proche en proche absolu. Auschwitz, la poursuite délibérée, clairement assumée d'une annihilation totale. La conjonction de deux volontés de néant gargouille dans les trous noirs de la haine moderne.

Imre Kertesz, deux fois survivant, rescapé des camps de la mort et rescapé du communisme, sauvé par la littérature, premier prix Nobel de Hongrie, écrit : « On devrait un jour analyser la masse de ressentiments qui entraînent l'intelligence contemporaine à faire fi de la raison, on devrait entreprendre une histoire intellectuelle de la haine de l'intellect. »

Racismes, chauvinismes, fanatismes, les apparentes renaissances d'une agressivité qu'on croyait révolue étonnent. Ne faudrait-il pas s'étonner de cet étonnement ? La ronde des « faits divers » trop quotidiens indique la multitude des feux qui couvent sous la fragile paix civile. Ne sommes-nous pas trop polis pour être honnêtes ? Les régimes totalitaires tranchent, ils censurent les nouvelles déplaisantes, ils ont trouvé le bon moyen pour empêcher toute réflexion. Même chez nous, en bonne démocratie, les bien-pensants s'épuisent à passer outre. Le choix, fort compréhensible mais quelque peu malhonnête, de dormir tranquille à tout prix motive une obstination à refouler les durs rappels que l'actualité inflige. Les modestes pages qui suivent, comme autant de premiers pas sur la voie suggérée par Kertesz, tentent d'introduire à une science humaine de la haine de l'humain.

2

Dans l'atelier des bombes humaines

> « Ma colère pour nourriture, je souperai de ma propre substance,
> « Ainsi je m'affamerai à mesure que je me nourrirai. »
>
> Shakespeare, *Coriolan* 1V, II.

Une bombe humaine carbure à la haine. Cette formidable énergie destructrice arrache le postulant aux normes de la vie quotidienne pour enclencher la dynamique d'une démolition de l'autre poussée jusqu'au sacrifice de soi. Rien n'est plus commun, rien n'est plus doctement reçu que de classer une telle décision suicidaire dans le fichier des aliénations mentales. Le portrait-robot du tueur islamiste agrémente ce préjugé : l'homme-bombe serait une sorte d'égaré. Il conjuguerait fanatisme idéologique et simplicité d'esprit, car seul un fou, un parano, un schizo, un camé, que sais-je ?, peut vouloir en finir avec le monde et avec soi.

Balancée comme une tarte à la crème, la conclusion s'impose dans toute son opaque bêtise : amalgamé à la cohorte des déments, le terroriste est un irresponsable ; il agit moins qu'il est agi, misérable victime d'une « absence de repères ». Ce passe-partout « psy » cher aux experts des états d'âme doit ouvrir les serrures de sa folie. « Humiliation » expliquent les politiques. « Misère et chômage », ajoutent les sociologues. « Analphabétisme », stipulent les spécialistes en religion, qui dénoncent une interprétation primaire d'un Coran pris au pied de la lettre. « Bouffées délirantes » par overdose de foi comme de poudre blanche. Les alibis s'enfilent comme des perles de paresse et autant de pièges.

Objection vos honneurs ! Tous les miséreux, les humiliés, les offensés, les incultes, les débiles, les parias, les paumés et les drogués de la planète ne se font pas sauter dans les transports en commun, avec chevillé au corps et à l'âme, l'espoir noir d'expédier *ad patres* un maximum d'innocents. Les explications savantes ou généreuses à trop généraliser font l'impasse sur l'initiative individuelle, la détermination résolue, la rationalité de celui ou de celle qui allume, en connaissance de cause, sa ceinture d'explosifs.

Les diplômés de sociologie, les doctes de la géopolitique et les chercheurs en études stratégiques, le nez dans le guidon de leurs spécialités, lisent trop peu. Pardonnez l'outrage, par trop peu j'entends si peu de grands classiques, si peu d'écrivains et si peu d'historiens. S'ils étaient davantage curieux de retours en arrière littéraires, les savants ès terrorismes soupçonneraient combien un volontaire de la mort s'avère plus complexe et plus persévérant que les marionnettes caricaturales dont ils tirent le portrait. La bombe humaine est un être pensant, doué d'une vie intérieure, tout aussi conflictuelle que celle de tout un chacun ; son mouvement destructeur et autodestructeur correspond à des choix et répond à une logique que les auteurs classiques, moins ingénument dédaigneux que les experts modernes, tentèrent avec minutie et subtilité de mettre en lumière. Un peu de curiosité ne nuit pas, l'être pour la mort n'est pas né d'hier soir.

*

Depuis Homère, l'antiquité grecque puis latine explore, au fond des cœurs et au cœur des sociétés, la ténébreuse géographie intime d'une puissance de nuisance, dont les formes sont légion et les vocables multiples. « Mênis » – colère d'Achille –, « mania » – folie furieuse d'Ajax –, « kholos » – rage douloureuse d'Electre –, les débordements incendiaires font hésiter les traducteurs. Comme si notre français, poli et policé, manquait de mots pour désigner les foisonnantes figures de la plus violente des passions humaines, cette haine première qu'on a tant de mal à fixer. En douce France, amour rime avec toujours. En Grèce antique, le cri de haine frôle l'éternité. « Toute passion vit de s'assigner l'**aei**, le toujours, pour temporalité et, de toutes, la haine est sans doute la plus violente[1]. »

Ajax est un combattant réputé parmi les Achéens qui campent devant Troie. Il est le plus costaud, premier en force, c'est un champion, mais pour son malheur il n'est que second en valeur : dans le feu des batailles, Achille le surpasse. Et quand le fils de Thétis meurt, le talon percé par la flèche de Pâris, quand ses armes miraculeuses doivent revenir en récompense au plus méritant des guerriers, Ajax postule naturellement à l'héritage. Peine perdue, espoir déçu. L'armée grecque lui préfère Ulysse. Affront, humiliation, jalousie, rage, le héros frustré écume et retourne son glaive contre son propre camp. Ivre de colère, Ajax frappe à tour de bras, coupe et découpe ses compagnons endormis, il déchiquette dans la nuit ses amis déloyaux, du moins le croit-il, car somnambule, assommé, aveuglé par le ressentiment, il ne voit pas qu'en vérité il massacre un troupeau de bovins.

1. N. Loraux, *La Voix endeuillée*, Gallimard, 1999, p. 53

Même fièvre. Autre histoire. Autre lieu. Autres conteurs. Horace, seul des trois héros romains survivant, fête sa victoire : il a tué un à un les Curiaces ; il a vaincu Albe et sauvé sa patrie ; Rome chante sa louange et le porte en triomphe. Mais il n'entend pas les clameurs de joie qui sonnent la fin des hostilités ; ivre de bataille, dans un élan sauvage, il trucide sa pauvre sœur, Camille, coupable seulement de pleurer un amant, le Curiace qu'il vient d'expédier. Ainsi vont l'heur et le malheur du guerrier de la tradition, celui dont parle Dumézil, quand l'héroïsme agressif – « menos » – explose en déchaînements délirants – « mania ». La fureur dont il déborde dans la chaleur des combats fait oublier au combattant toutes les lois humaines et divines. Rien ne peut l'arrêter. Il s'est soûlé à l'inhumain.

Massacrer des animaux croyant exterminer des hommes, exécuter des hommes comme des bêtes à cornes, confondre l'ami et l'ennemi, la chasse et la guerre, le sacrifice dû aux dieux et les échanges entre mortels, ces outrances criminelles balisent depuis toujours la condition humaine. Et que nul ne s'estime à l'abri ! Si le roi Agamemnon immole sa fille Iphigénie pour que tournent les vents, Clytemnestre son épouse lui rend plus tard la monnaie et tombe à son tour sous le poignard de ses enfants. La transgression appelle la transgression. La contagion rallume toujours des foyers mal éteints, ils témoignent pour une puissance de subversion originaire, indépassée, indépassable, éternelle, universelle. Au commencement est le chaos. Hésiode, le grand poète des origines, nous raconte la faille sans fond, d'elle émerge la nuit d'où sortent, par scissiparité maléfique, les enfants de la nuit, ces négatifs de l'existence trop souvent négligés, toujours présents.

Quand Freud redécouvre, en face d'Eros-le-désir, une souterraine pulsion de mort, il renoue avec cette intuition singulière du pouvoir de détruire, que loge, de toute éternité, la culture occidentale. Même si elle s'en effraie. Même si elle le refoule. Rien n'y fait. Dès la création, la terre et le monde, que le mortel arpentera, campent au bord du gouffre. Le ciel, lui-même, est enfant de la nuit. Le non-être précède l'être. La vie diurne se détache de la toile d'araignée nocturne, elle existe en résistant au vide, elle s'invente des frontières sans s'émanciper tout à fait du néant premier.

TABLE RASE : AU COMMENCEMENT EST LA COLÈRE

A rebours des élégies contemporaines, la haine ne se réduit pas à un raté d'Eros, ni à quelque faux pas de la vie ou quelque amour déçu qui viendrait témoigner d'une pulsion première, bienveillante, laquelle se tromperait seulement sur l'objet et sur l'heure. La haine n'est ni accident ni erreur de parcours. C'est une soif fondamentale de détruire, elle manifeste un abîme à fleur de terre, à fleur de peau, qui n'est pas derrière nous, mais en nous, autour de nous. C'est une négativité subversive, radicale, elle existe dès la racine et prouve son efficacité dans le rappel insistant du chaos premier. Un lecteur d'Eschyle et de Sénèque ne peut sous-estimer l'intention létale qui anime les bombes humaines. Il a entendu Médée, délaissée par Jason, il l'a contemplée quand, gorgée de vengeance, elle exécute ses propres enfants dans un sacrifice non plus dédié aux dieux, mais offert à elle-même.

« Nulle force au monde,
Ni incendie, ni ouragan,
Ou machine de guerre
N'a la violence d'une femme abandonnée
N'a sa violence et sa haine[1]. »

---

1. Sénèque, « Médée », *Tragédies*, t. 1, Les Belles Lettres, v. 580. cf F. Dupont, *Médée de Sénèque, ou comment sortir de l'humanité*, Belin, 2000.

Médée, magicienne légendaire du cycle des Argonautes, est fille du roi de Colchide et sœur de Circé. Quand Jason, à la recherche de la Toison d'or qui doit le faire roi, débarque en Colchide sur le navire *Argo*, Médée tombe amoureuse du héros grec. Elle protège les Argonautes, ses 50 compagnons, des féroces taureaux aux pieds d'airain, endort le dragon, gardien de la Toison d'or qu'elle livre à Jason. Pour protéger la fuite de son amant, elle tue son frère Absyrtos, le met en pièces et jette les débris de son corps à la mer. Elle épouse Jason dont elle a deux fils, Merméros et Phérès. Menacée par Pélias, usurpateur du trône de Colchide, elle le coupe lui aussi en morceaux et jette ses membres dans l'eau bouillante.

La Médée de Sénèque, embarrassée de ses fantômes, commence là. Jason et Médée se sont réfugiés à Corinthe, où Jason commet la faute qui l'emportera. Il répudie Médée pour épouser en secondes noces Créüse, la fille du roi local, Créon. L'épouse bafouée offre alors à sa rivale une cassette, une robe et une couronne empoisonnées, qui la brûlent aussitôt et incendient le palais royal. Médée poursuit sa course de meurtrière froide, elle égorge ses deux enfants. Elle raffine et peaufine l'horreur, devant l'infidèle qui l'implore d'épargner au moins son dernier garçon, elle savoure un plaisir cruel à reculer le coup fatal, qu'elle finit par porter. La Médée de Sénèque s'arrête là.

La légende veut que, disparue dans les airs sur un char attelé de dragons, elle revint sur terre compléter son tableau de chasse, après avoir guéri Héraclès de sa folie furieuse. Médée fut l'objet d'un culte en Thessalie et à Corinthe.

Le regard froid du précepteur de Néron nous introduit mieux qu'aucun autre dans le laboratoire secret de la haine. Sénèque, le tragique, donne congé aux intercessions divines comme aux puissances mythologiques. Ici, le héros agit de lui-même, par lui-même, pour lui-même. Il invente la balance, le poids et la mesure d'une loi qu'il est seul à établir et seul à faire respecter. Ici, les êtres de haine s'instituent maîtres d'eux-mêmes. Le scénario canonique qui articule la tragédie se déroule en trois étapes. Premier round, dolor, le héros rentre en lui, s'absorbe dans sa souffrance, la creuse, l'amplifie jusqu'à ne plus entendre qu'elle en lui et lui en elle. Deuxième round, furor, la douleur jaillit à l'extérieur et pulvérise progressivement le proche puis les lointains. Dernier et troisième round, celui du nefas, un crime jusqu'alors inouï fait table rase du présent et de l'avenir.

« Il n'est d'autre repos pour moi
Que dans le spectacle d'un monde s'effondrant
Pour accompagner ma ruine,
La mort est plus douce quand elle n'est pas solitaire. »

De la conquête de soi à la conquête du monde jusqu'à la destruction universelle, une progression rituelle ne se laisse distraire par aucun incident extérieur. Elle se reproduit à l'identique dans des personnages divers et des circonstances variables. La haine ne doit rien à personne. Sa logique est autonome. Son expansion autopropulsée. Elle se produit et s'amplifie par un travail de soi sur soi. Au centre du dispositif, tourne un moteur immuable, odio, colère, au sens que les Latins confèrent à cette passion. « Elle est toute excitation, toute à l'impétuosité de son ressentiment ; elle brûle d'un désir inhumain de combat, de sang, de supplices ; indifférente à elle-même pourvu qu'elle nuise à autrui, elle se précipite sur ses propres armes, avide d'une vengeance qui entraînera avec elle le vengeur[1]. »

1. Sénèque, *De la colère*, Livre I, I, 1, Les Belles Lettres, p. 2.

Clone du Dieu d'Aristote, la colère fait graviter autour d'elle les êtres et les choses, mais au lieu d'établir un ordre du monde, elle flambe pour le détruire. L'astre noir diffuse le chaos ; maléfique, la colère se veut radicale autant que la raison, cette part de nous qu'on suppose divine. « La raison veut décider ce qui est juste, la colère veut qu'on trouve juste ce qu'elle décide[1]. » Jugeant sans appel, et ne se laissant juger par personne, la colère arbitre arbitrairement, elle est décisioniste. C'est sur son noyau inoxydable que la haine bâtit ses églises.

Rien, en effet, ne saurait insuffler le moindre doute dans le huis clos de l'irascible étouffant de rage. Il colle à la fièvre qui le défigure. « Un miroir n'a jamais détourné personne de sa colère... Pour l'homme en colère aucune image n'est plus belle que celle qui est atroce et horrible, il veut paraître tel qu'il est. » A juste titre, on dit communément qu'une colère « éclate », « explose », car « elle n'autorise aucune distanciation et transforme celui qu'elle possède en torche incendiaire ».

Cette description brûlante, aujourd'hui oubliée, a obsédé les poètes et les sages pendant plus d'un millénaire, Montaigne, Shakespeare, Corneille, Racine l'ont méditée, traduite, transposée. Reconnaissez le colérique, il travaille dans la haine des autres, de soi et pour finir dans celle de l'univers. Sachez retrouver la bombe humaine pure et nue, avant que les idéologues et les religieux ne l'enrobent de justifications, de motifs, de prétextes et d'oripeaux théoriques ou sentimentaux propres à recouvrir sa violence crue d'un voile de pudeur tout académique. Un lecteur de Sénèque replie les paravents philosophiques bâclés, il interroge Colère quand elle bout, quand elle tonne, quand elle rugit, quand elle fulgure.

---

1. *Ibid.*, p. 22.

Car Colère fait bloc. Colère est un roc. Elle est affirmative, elle n'est pas réactive. Elle se distingue de ses composants, férocité, brutalité, bestialité et de tous ces émois spontanés qui répliquent, au coup par coup, à l'offense imprévue. Elle élève sa cohérence au-dessus de l'agression éphémère, loin des circonstances extérieures et des stimuli intérieurs. La colère, souligne Sénèque, est un « vice volontaire de l'âme ». Volontaire, le mot est lâché. La colère suppose l'assentiment. Seul l'homme, jamais l'animal, peut **se mettre** en colère. Autrement dit, c'est une passion logique, un discours implicite l'organise. Des ailes lui poussent, quand elle dépasse le jour et l'instant de son apparition ; elle peut muter ; elle s'éternise en « colère froide ». Puisqu'elle parle et se parle, le temps ne lui est pas compté. « Voyant un fossé plein de sang le tyran irascible s'écrie : Oh ! le beau spectacle ! Qu'il lui eût paru plus beau si ce sang avait rempli un fleuve ou un lac. » Le rêve du « tyran » se réalise en 1994, au Rwanda, quand les Grands Lacs, en toute réalité, virèrent au rouge — sang des Tutsis.

La présence du discours dans toute colère, aussi tonitruante tonne-t-elle, va permettre, en réciproque, à la colère d'investir les discours et de conquérir l'espace-temps. Irascibilité et mauvais conseil naviguent de conserve. Pour qu'Othello étrangle Desdémone, il faut qu'une voix, un Iago intérieur ou extérieur, mobilise le mal-être du guerrier « black » égaré dans Venise la blanche. La révolte s'embrase révolution, si, et seulement si, un professionnel, commissaire politique ou directeur de conscience, souffle sur les braises discursives, éparpillées dans les frondes du prolétaire ou de l'immigré.

N'en concluez surtout pas que le discours instrumentalise ou manipule des émotions muettes et aveugles. Ce serait manquer la sourde complicité qui noue Othello à son Iago, ce serait oublier que l'un murmure à l'oreille les mauvaises pensées que l'autre désire entendre. De même que, selon Clausewitz, la guerre continue la politique, de même la haine continue la colère par les moyens du discours. La haine, en somme, c'est l'art de conserver, gaver, engraisser une colère, en se racontant des histoires horribles. Mais pas n'importe lesquelles. Celles de préférence qui la creusent en abîme, là où tout disparaît.

La haine met en scène une colère qui la nourrit. Les héros noirs, les « monstres » tragiques de Sénèque, incarnent une destructivité effrénée. Elle s'autorise du cinéma intérieur qu'elle invente, se prouve par les dégâts qu'elle amoncelle, se mondialise en programmant la table rase.

DOLOR OU LE DEUIL DE SOI

Répudiée, dépouillée, expulsée, Médée interprète, sur la scène de Sénèque, la haine faite femme. Son époux, Jason, se remarie et la prive de ses enfants. Elle doit tout quitter palais, foyer, ville, pays. Elle rumine la trahison dont elle est la victime, elle épelle les outrages qui lui sont infligés. A l'inverse de sa vieille nourrice, confidente placide et consensuelle, la proscrite ne songe aucunement à faire contre mauvaise fortune bon cœur, elle ne se soucie plus d'avoir mais d'être. Loin de négocier quelques consolations, elle surenchérit, chauffe à blanc sa souffrance, se torture, fouille ses blessures, gratte ses plaies pour aggraver sa peine.

Sciemment, la délaissée transforme les coups du sort en crise identitaire ; au lieu de s'abriter du malheur, elle accompagne sa détresse, elle l'aiguise, elle l'exaspère. Perdue pour perdue, elle se préfère « personne », elle n'est plus rien, elle est « rien ». La nourrice temporise, la cajole, la console, tente de l'apaiser et de calmer le jeu, « Médéa, ma chère Médéa ». La reine en révolte se cabre et rétorque : « fiam, je serai, fiam Medea ! », je serai Médée. Prêtant main-forte à l'adversité qui la frappe, elle se dépouille de son identité domestique et sociale. Elle se tue symboliquement. Elle n'existe plus que par la seule vertu d'un prénom nu, qui désormais vaut seulement promesse d'avenir, promesse d'un avenir bâti sur zéro. A la manière du prolétaire prométhéen imaginé par Marx, elle n'a à perdre que ses chaînes. Versant le sel de l'amertume sur ses lésions, s'interdisant toute cicatrisation, Médée joue qui perd gagne et retourne l'injustice qui lui est faite en violence sur elle-même. Elle régit son destin et, ne devant plus rien à personne, elle ne doit qu'à elle le rien qu'elle devient.

La reine du paroxysme fête la self-production de son martyre comme une libération. Transformant des peines cruelles, mais partielles, en douleur totale, l'héroïne rompt les amarres et tranche toute attache. Rien ne saurait la retenir. **Dolor** : dans une première étape, que franchissent tous les « monstres » du théâtre de Sénèque, le héros maléfique conquiert son autonomie — ce qui m'arrive d'intolérable, c'est moi.

De même que le doute devient méthodique, quand Descartes décrète « fausse » toute opinion simplement incertaine. De même la douleur devient méthodique quand elle s'élit radicale et intégrale, ni fortuite ni relative. Forte d'une « méthode » qui amplifie chaque flagellation en hyperbole et la convertit en autoflagellation, Médée rentre en elle et verrouille son esprit. La méthode cartésienne concluait que l'âme est plus facile à connaître que le corps. Pareillement, une fois révoquée méthodiquement l'extériorité des douleurs qui les assaillent, la seule vérité, à laquelle consentent les « monstres », est celle du discours qu'ils tissent. L'alpha et l'oméga des enchantements de la magicienne Médée, c'est la magie de son verbe.

Du passé, Médée sélectionne les fantasmes qui décuplent sa soif d'enfer. Du présent, elle ne perçoit qu'un vide hostile et aliénant. Quant au futur, elle l'exige inflammable et inextinguible. Au terme de l'autoproduction de douleur, la malheureuse consacre sa déréliction mesure de toutes choses. Elle se cuirasse contre les démentis du jour. Aucun principe de réalité ne saurait plus atteindre une conscience murée dans son vide. Désormais Dolor = Médée et Médée = douleur. Première personne du singulier, un pronom « je » fonctionne comme embrayeur. « Shifter » disent les linguistes : je dis « **je** » pour signaler que celui qui énonce et celui qui est énoncé sont identiques. Quand elle étale et crie son infortune, qui dépasse tout et n'appartient qu'à elle, Médée brandit son très neuf certificat de naissance — je me fais souffrir, donc je me fais être je. Son calvaire levé en étendard, la voilà qui court au rendez-vous de sa misère et de sa gloire. L'énoncé de son infinie détresse et l'énonciation de son infinie grandeur coïncident.

Autre temps. Autre reine. Autre « monstre » à peine christianisé, Phèdre retrouve en plein XVIIe siècle l'intuition de Médée, telle que Pascal sut la transmettre à Racine. « On ne montre pas sa grandeur pour être à une extrémité mais bien en touchant les deux à la fois, et remplissant tout l'entre-deux. » Par un retournement dont l'ascèse religieuse offre maints exemples, la crise identitaire guérit par l'exaspération de ce qui l'a provoquée ; le poison devient l'antidote. Ainsi Médée s'élève porte-parole du gouffre où elle a chu. Ainsi la bombe humaine se prépare en créant le vide autour d'elle, puis en elle. Plus elle se coupe du monde et des autres, plus elle se découvre aliénée, sans passé ni famille, plus elle accumule d'énergie explosive pour transformer le dolor en furor, sa douleur en fureur.

FUROR OU LE DEUIL DE L'AUTRE

Les fureurs dévastatrices déferlent en ouragans, elles n'ont ni queue ni tête. Les promoteurs du 11 septembre jugèrent inutile d'accompagner leur haut fait d'armes d'un communiqué revendicateur et vengeur. Pas de signature. Pas de certificat d'authenticité. Pas d'explication, pas de justification. Le silence fait son office. Dévastateur. Rien que du vide et de la stupeur, où s'engouffrent tous les imaginaires, des plus raisonnables aux plus fous. Plusieurs semaines s'écoulent avant qu'un Ben Laden fasse valoir ses présumés droits d'auteur. L'ébranlement mondial est d'autant plus impressionnant que la force qui pulvérise le cœur de Manhattan reste muette, aussi impersonnelle, implacable, non négociable qu'une catastrophe tellurique ou la démence d'un dieu. Sachons pourtant, dans l'apparence délirante et insensée d'un tel acharnement, décrypter une idée de derrière, la cohérence masquée d'une stratégie qui décuple son effet d'épouvante sous le masque d'un sort funeste, naturel, anonyme et fatal.

« Ô haine, conduis-moi, je te suis[1] ! »

La colère que le douloureux tournait contre lui-même se retourne sur autrui. Le furieux impose au monde le vide intérieur dont il s'est voulu l'incarnation. Aux autres, désormais, de subir l'anéantissement que Médée s'inflige. A leur tour de souffrir son martyre. Dans *Thyeste*, une autre de ses tragédies, Sénèque poursuit tout haut, plus loin, plus fort, la malédiction des contagions. C'est la « Furie » qui parle, une furie en chair et en os, personnage à temps plein de la tragédie :

1. *Médée*, v. 953.

« *La Furie* – Avance, ombre exécrable, et agite de tes fureurs ces pénates impies. Qu'on y rivalise de toute espèce de crimes ; que l'on s'entre-tue réciproquement à coups d'épée ; qu'il n'y ait à ces haines ni limites ni remords ; que les esprits soient aiguillés par une aveugle rage ; que la furie des parents se perpétue et que leurs forfaits passent en une longue suite à leurs petits-enfants ; qu'aucun d'eux n'ait le loisir de détester son crime passé, qu'il en naisse toujours de nouveaux, et qu'ils se multiplient de telle sorte que le châtiment même ne fasse qu'accroître les forfaits. Que la royauté soit arrachée à ces frères superbes, pour leur revenir quand ils seront exilés, que la fortune de leur violente maison, indécise entre ces rois éphémères, ne sache lequel trahir : qu'ils passent de la puissance à l'infortune, de l'infortune à la puissance, mais que le malheur ne cesse pas d'entraîner dans son cours leur royauté. Bannis pour leurs crimes, qu'ils ne reviennent, lorsqu'un dieu leur rendra leur patrie, que pour d'autres crimes, et qu'ils soient haïs de tous et haïs d'eux-mêmes ; que leur rage ne s'interdise rien ; que le frère soit épouvanté par le frère, le père par son fils, le fils par son père ; que les enfants aient une mort affreuse ; que l'épouse haineuse menace son époux, que la guerre soit transportée par eux au-delà des mers et que le sang répandu baigne toute la terre... Que tout lien naturel, toute foi, toute loi soit aboli[1]. »

La fureur ne se contente pas d'aligner les transgressions. Dès l'instant où elle prend les rênes, les normes habituelles sont évacuées, effacées, disparues. Pas un tabou ne sera respecté. Sœur jumelle de la Furie, Médée, dont le palmarès scélérat laisse peu à désirer – trahison, empoisonnement, fratricide –, dédaigne ce qu'elle appelle

1. Sénèque, *Thyeste* in *Tragédies*, t. II, Les Belles Lettres, pp. 90-91.

des « crimes de petite fille », et promet désormais de se surpasser. Toutes les turpitudes de naguère furent, dit-elle, inspirées, provoquées par les sentiments qu'elle nourrissait pour Jason, ce n'étaient là que crimes d'amour. « Aucun de mes méfaits ne fut commis par ma colère, en eux sévissait mon infortuné amour. » Mais à l'apogée de ses élans furieux, l'horizon bascule. Finis les bons sentiments, finie la tendresse qui porte au crime, désormais la haine parle à la haine. Et à elle seule.

> « Jamais ne cessera ma fureur
> Jamais ne faiblira ma rage de vengeance. »

Les records meurtriers cessent d'additionner les offrandes cruelles et vicieuses sur l'autel d'un amour vertueux, perdu mais rédempteur. Médée impose en connaissance de cause son antimonde, où toutes les valeurs sont inversées cul par-dessus tête. La haine prend la place de l'amour, l'improbe de la piété, l'injustice de la justice. Elle ne veut plus faire le bien, fût-ce par de pervers détours, elle veut faire mal, parce qu'elle veut le mal et rien d'autre.

L'évangile de la haine qu'entonne le furieux victorieux livre le secret de sa force. Tandis qu'il se dégage de tous liens, il piège ses adversaires empêtrés dans le filet des bienséances et des sentiments édifiants. Implorant un minimum de compassion, Médée obtient du roi Créon, qui pourtant lui est hostile, le délai d'un jour dont elle use pour incendier et tuer. Atrée, feignant une dévotion sans faille pour les lois de l'hospitalité, offre la réconciliation à son frère Thyeste. Celui-ci se méfie, Atrée triche-t-il ?, mais il n'ose refuser de peur d'offenser son frère et les dieux si celui-ci dit vrai. Au banquet fraternel, Atrée fait manger à Thyeste ses fils.

Les fureurs, qu'on dit aveugles à tort, développent une stratégie qui déconcerte un rival moins roué. Elles surfent sur la bonne volonté de ceux qu'elles veulent détruire. Créon et Thyeste sont coincés. Ou bien ils acceptent une proposition ou une invite d'apparence honnête et généreuse. Ou bien ils vont jusqu'au bout de leur suspicion et s'affichent ni généreux ni moraux, refusant toute compassion à la femme « éplorée », rejetant la main tendue du frère « repentant ». Le furieux – Médée, Atrée – les place devant une injonction paradoxale dont ils n'ont pas idée – si tu m'écoutes, tu te livres pieds et poings liés à moi, si tu objectes tu t'exposes aux remords de ta conscience et à ma vengeance ; dans les deux cas, mon trop bon, tu es défait, soit de l'extérieur, soit de l'intérieur. Les mâchoires du piège se referment. L'homme de haine prend l'avantage sur les hommes de l'amour, qui ne savent jamais repérer la haine nue. Le furieux enferme les autres dans un « double bind », l'injonction paradoxale théorisée par les psychologues de Palo Alto. Il n'est pas fou, il rend fous ceux qui ne le regardent pas en face, de peur d'avoir à contempler l'impensable, ce bloc de haine absolue qu'il est devenu.

Le vide intérieur originel, dégusté comme un comble de gloire par l'homme de haine, est projeté sur les autres qui le reçoivent comme un comble de misère. Médée exécute les enfants qu'elle a eus de Jason, devant lui ; elle triomphe, il est anéanti. Plus il s'écroule, plus elle triomphe. La haine est plus forte que l'amour, car l'amour est otage de son objet, enfant, femme, honneur, argent, qu'il peut perdre. L'amour est dépendant. La haine, à travers l'ascèse du dolor, s'est libérée de ses chaînes ; elle ne tient à rien, rien ne la tient ; elle joue gagnant. L'amour est amour de..., l'amour est référentiel. La haine est autoréférentielle ; elle jouit d'elle-même et s'accomplit dans une « intense volupté ». Ainsi va Médée. Ainsi va Atrée. Ainsi vont les « Monstres ». Ainsi vont les bombes humaines.

Supposer que les vices rendent immanquablement

hommage à la vertu, réduire la haine à l'effet d'une déconvenue qu'un surcroît d'amour ou un retour d'amour auraient tôt fait de guérir, c'est donner aux bienséances la partie trop facile. Avant d'imaginer les pulsions ravageuses comme de simples fausses couches d'un pur amour ou d'un amour perdu, d'un désamour ou d'un mal d'amour, observons l'inverse. Inverse qui trop souvent s'impose. Inverse toujours effacé par les cohortes d'« orduriers » bien-pensants dont nous parle Baudelaire. L'eau bénite et les sermons vertueux exorcisent rarement la sauvagerie des bombes humaines, mais veulent les excuser. « Orduriers » ceux qui ne reconnaissent pas l'autonomie du mal.

« Une fois il fut demandé devant moi en quoi consistait le plus grand plaisir de l'amour. Quelqu'un répondit naturellement : à recevoir –, et un autre, à se donner... Tous ces orduriers parlaient comme l'imitation de Jésus-Christ... Moi je dis, la volupté unique et suprême de l'amour gît dans la certitude de faire le mal[1]. »

J'insiste. La fureur ne connaît ni dieu ni maître. Quand elle s'empare d'un mortel, elle l'oblige à rompre avec passé et entourage pour l'installer en apesanteur éthique. Quand elle frappe sa cible, elle terrorise et tue. Inconditionnelle donc. Moteur de sa propre expansion conquérante. Elle manifeste la « douleur » et la « patience » attribuées au « travail du négatif » par Hegel. Sauf que, mauvaise élève du professeur en dialectique, elle ne convertit pas son néant en être. Inutile de l'imaginer, au bout du compte, féconde et bénéfique. Elle ne se laisse pas dialectiser. Les ruines qu'elle dissémine n'annoncent pas l'avenir radieux, nouveau, meilleur. L'inquiétude qu'elle propage n'est nullement une ruse de la raison ou

1. C. Baudelaire, « Fusées », *Œuvres complètes*, t. 1, La Pléiade, p. 651.

du bon Dieu. Il n'est pas question pour elle de trottiner vers la vertu en passant par les détours du vice.

N'en déplaise aux orduriers candides, l'alchimie de Médée ne transmue pas le mal en bien, mais un néant en un autre néant plus béant encore. La magie du verbe, dont le furieux use et abuse, transforme allégrement le positif en négatif, le mouvement contraire n'est pas de son ressort, il lui est intolérable. L'idylle d'une négation réconciliée avec elle-même, passant de l'orage au ciel serein dans « un repos translucide et calme », n'a pas cours, la fureur jouit de sa fureur sans repos ni fin. Saint Augustin en connaissait manifestement plus long que Hegel sur la malice de détruire pour détruire : « Ce dont je voulais jouir, ce n'était pas de l'objet convoité par le vol, mais du vol lui-même et de son péché[1]. »

Il est faux et trompeur de postuler qu'une volonté de néant ne puisse se conserver comme telle dans le vide des valeurs qu'elle institue et l'absence des dieux qu'elle prêche. La haine se nourrit de détruire l'amour sans se subordonner à lui ; le furieux se maintient en vie en distillant la mort, il règne par la terreur qu'il inspire. Au courtisan bien intentionné qui plaide pour une entente honnête et confiante entre gouvernés et gouvernants, Atrée réplique qu'au contraire l'homme puissant manifeste sa puissance en forçant ses sujets non à faire ce qu'il veut mais à « vouloir ce qu'ils ne veulent pas » (« quod nolunt velint »).

Et Sénèque de le démontrer énumérant les vertus les plus sacrées de Rome – piété, pureté, bonne foi – pour les disqualifier ; ce ne sont là, dit Atrée, que « biens privés », un roi ne suit que son plaisir et son bon plaisir bafoue celui de tous. Peu lui chaut d'obtenir couronnes et louanges par la distribution de bienfaits, puisque sa mal-

1. Saint Augustin, *Confessions*, II, 4-10.

veillance et la distribution des coups entraînent l'ovation des foules. Le plus grand privilège du tyran est de contraindre son peuple « à louer » sa malfaisance. Tromperies, menaces et fouet convertissent si aisément le dissentiment en assentiment ! Telles sont les ruses de la fureur, prosaïques, banales et bien plus répandues que les automatismes providentiels des ruses de la raison. D'Atrée à Staline ou Ben Laden, tant pis pour saint Hegel et saint Marx !

Violences et enfers n'engendrent pas, au bout du bout de la nuit, des édens et des paix. Le furieux ne recule pas d'horreur devant l'horreur. Il s'est anesthésié dans l'ascèse du dolor ; il se moque d'être bon et de rester vivant ; il n'a que faire des autres et de lui-même ; il s'est créé sans espérance ni recours, solitaire de cette solitude où il tire sa force. Les autres, tous les autres craignent pour leur existence et leur réputation, de là leur faiblesse. La volonté de vivre et la volonté d'amour s'intoxiquent à se croire universelles et universellement partagées. Le furieux lui a les mains libres. Les âmes communes postulent l'impossibilité de sa persistance, sinon de son existence, si bien qu'elles ne le voient pas venir et ne peuvent prévenir ses manigances. Tant de candeur aveugle et paralyse. Voilà comment la stratégie des colères sans frontières l'emporte sur le laisser-faire des servitudes volontaires. Les ivrognes d'amour et d'immortalité confient à leurs bourreaux les instruments de leurs supplices, ils vivent dans la peur de perdre et la vie, et leurs illusions élégiaques.

« Laissez-les haïr du moment qu'ils craignent. »

Faisant fi des tabous, le furieux ne se contente pas d'insulter, de transgresser, de révoquer les idées reçues et les normes établies, il passe un seuil qu'on dit infranchissable. Il s'expatrie, s'aventure sur des terres jusqu'alors en jachère. Il se prend pour le Christophe Colomb du mal, découvreur et conquérant du nouveau monde de la cruauté. La négativité du destructeur de tabous n'est pas simplement négative, elle est créatrice. Elle dévoile et prouve que la violence fait lien et s'entend à gouverner le monde. Lors de la grande famine russe de 1891, les moujiks tombent comme des mouches. Par centaines de milliers. Tolstoï, Tchekhov et quelques écrivains organisent des secours, des étudiants, des citadins, des popes se joignent à eux et finissent par forcer l'intervention du tzar dans une vaste campagne humaniste. A Samara, épicentre du fléau, un jeune avocat, barbiche et verbe fort, condamne cet immense élan. Au diable la compassion ! Mieux vaut, dit-il, que les paysans perdent leurs illusions, désespèrent de Dieu et du tzar, touchent les tréfonds du désespoir, mieux vaut qu'ils voient leurs familles périr, mieux vaut qu'ils crèvent.

Le soulèvement des masses est à ce prix. Vladimir Oulianov, dit Lénine, car il s'agit de lui, préconise une politique du pire promise à grand avenir. L'homme de la Lena aurait du citer Sénèque plutôt que Marx. Les réformistes rêvent d'améliorer la société sans la ruiner au préalable, les nihilistes contemporains ou non invoquent la révolution totale contre le « système » capitaliste-impérialiste-eurocentrique-métaphysicotechnique que-sais-je ? Ils évoquent l'autre monde et sanctifient la destruction. Pour éradiquer le « vieux monde », aucune violence n'est à proscrire. Des « monstres » de fureur, des Médée, des Atrides aux furieux de notre temps, les Staline, les Hitler, les Ben Laden, les tutti et les quanti des grands soirs, la conséquence est bonne. Elle conduit méthodiquement de la souffrance – « dolor » – volontairement radicalisée en haine de soi, jusqu'au « furor », ruine systématique de l'autre et triomphe dans le « nefas », stade terminal de la passion de détruire.

NEFAS OU LE DEUIL UNIVERSEL

Le « nefas », pour un juriste latin, désigne une profanation si extraordinaire, si inouïe, si inaudible qu'elle transcende la compétence des tribunaux et des châtiments prévus par le code, peine de mort comprise. C'est la version romaine du moderne « crime contre l'humanité », suggèrent les latinistes. Tabous levés, les liens domestiques et sociaux sont dissous ; il n'y a plus ni famille ni cité qui tienne. Au point culminant de sa fureur, Médée, avant d'égorger ses enfants, incendie Corinthe, la ville qui l'avait hébergée. Atrée porte un toast à la fraternité et fait déguster à son frère ses fils. Le renversement des valeurs s'opère complet, irréversible, de l'hospitalité au repas cannibale, du mariage d'amour aux noces de sang, rien de ce qui est inhumain ne demeure étranger.

Ces apothéoses de la fureur reproduisent le tableau des pestes qui hantent les écrits d'Homère, Sophocle, Thucydide et Lucrèce, moments de folie collective annonciateurs de désastres irrémédiables, où règnent le blasphème, l'inceste et les mangeurs d'hommes. Contre-banquet, funérailles nuptiales, épouvantes festives, le « nefas » célèbre une anticivilisation sans scrupule ni repentir. Dernier adieu de Jason prostré à Médée, triomphante sur son char ailé : « Oui, vole à travers les hautes régions du sublime éther, atteste que dans l'espace où tu t'élèves il n'y a point de dieux ! ». Nefas annonce et accomplit les promesses de la cruauté.

Au spectacle grec de la peste finale s'ajoute ici une touche proprement romaine : la présence du metteur en scène. La catastrophe ne tombe pas du ciel, elle ne surgit pas de l'inconnu, son auteur l'accompagne, l'assume, la parfait. Elle est son œuvre et son emblème. Il s'y plaît et s'y complaît. Médée déguste la souffrance de Jason. Atrée se repaît d'enfoncer son frère dans un malheur sans limites, il l'enivre, le goinfre et se moque : tu titubes comme un homme gros de ses propres enfants, enfants retournés dans ton ventre, desquels tu n'accoucheras jamais. Le plaisir de l'auteur-bourreau et le désarroi de la victime-spectatrice participe du même théâtre. Mohammed Atta, bombe humaine supersonique, n'a-t-il pas organisé et savouré l'épouvante des otages qu'il pulvérise quelques secondes plus tard, juste le temps de s'admirer grandiose et magnifique dans le miroir de leur effroi. C'est l'instant suprême du crime suprême. L'instant où Médée convient à elle-même. « Medea nunc sum », maintenant je suis moi, « Médée, s'écrit-elle, une immense volupté s'empare de moi ».

Pure hypothèse, dites-vous. Et c'est vrai. Les ultimes pensées de Mohammed Atta, je ne les connais pas. Personne ne les connaît. Lui seul peut-être. Et peut-être aussi les a-t-il ignorées. Quant aux déclarations sulfureuses d'une magicienne monstrueuse, ce ne sont là que mots, words, words, words, pure fiction et pure littérature. Et bien non ! Se trouver bien dans le mal, c'est le fruit d'une self-éducation méthodique.

Rappelez-vous ! Au début, l'étincelle première, puis le long travail contre soi de dolor, puis la culture progressive, radicale, exclusive de furor, tout cela concoure à l'épiphanie du nefas. Le « monstre » de Sénèque – notre bombe humaine –, c'est celui qui porte à son terme la logique de destruction de soi, d'autrui et du monde. Les cris de joie de Médée, quand elle fête le sang versé et les ruines fumantes, ne sont point paroles en l'air. Words words words s'avèrent swords, ses mots sont des épées et cristallisent le fin du fin d'une méthode soigneusement méditée, patiemment élaborée. « Jouis avec lenteur de ton crime, ô ma douleur, ne te hâte pas, ce jour est le mien », et Médée d'égorger son deuxième enfant, en prenant le venimeux plaisir d'ajouter, narguant son Jason de mari pétrifié, que si elle en portait un troisième dans ses flancs, elle se fouillerait les entrailles avec son glaive pour l'en arracher. Entre l'homicide et le suicide, le monstre ne choisit pas. Seul celui qui sait aussi bien se tuer que tuer accède à l'éminente et monstrueuse dignité de la bombe humaine.

Le furieux scotche son public. Il sidère. Il donne le sentiment d'advenir au pire du pire, il inaugure une profanation qui n'épargne potentiellement personne, pas même le profanateur. Il annonce, il amorce la ruine universelle. Le guerrier classique, Achille, compte jusqu'à deux, le camp des vainqueurs et celui des vaincus, le sien, celui des autres. Le furieux transforme deux en un, il s'installe dans l'outre-guerre. Le massacre n'est plus un moyen de combattre, il est devenu fin en soi. « Oui, Troie a été vaincue par mon père, vous qui lui survivez, vous n'avez fait que la détruire », c'est Pyrrhus, le fils d'Achille, qui admoneste et dénonce Agamemnon, quitte à surenchérir en cruautés obscènes. Achille a gagné le combat et rendu à Priam le corps de son fils. Agamemnon, le roi des rois grecs mi-ordonne, mi-laisse faire l'extermination inutile et sauvage de tous les habitants de la ville : premier génocide de l'histoire connue. Le furieux affiche son mystère en pleine lumière ; son faire est un défaire. Il triomphe dans la défaite seulement, et seulement s'il s'affiche régisseur du feu d'artifice final. La tornade, qui balaie ciel et terre sans se ménager elle-même, c'est lui. Son plus grand plaisir est de se reconnaître en elle et d'imposer cette reconnaissance à ses victimes.

Tous, auteurs, acteurs, spectateurs doivent pour finir s'incliner religieusement, puis confesser qu'une absolue cruauté gouverne leurs vies et leurs pensées. Le seuil de l'illicite, que le furieux semblait seul franchir, se découvre n'être qu'une barrière illusoire que chacun passe à loisir. Les monstres n'ont pas à refiler leur monstruosité, il leur suffit de dévoiler au final qu'elle préexiste en chacun. Sénèque nous présente les Grecs et les Troyens réunis : la guerre est finie, les forfaits « collatéraux » qui l'ont accompagnée, incendies, viols, massacres d'innocents, ont cessé. Le calme règne. Tous sont désormais spectateurs de crimes d'autant plus effroyables qu'ils sont commis à froid. Vierges immolées, enfants précipités des remparts. « La foule condamne l'abomination tout en la contemplant... La terreur tient comme frappés de stupeur et l'un et l'autre peuple[1]. » Le semeur de haine a vaincu, son théâtre de la cruauté s'impose à tous, l'histoire est devenue spectacle où l'humanité se piège. A la fois révulsée et complice, elle n'en croit pas le plaisir de ses yeux.

Célèbre compositeur allemand, Karl Heinz Stockhausen choqua gravement les lecteurs de gazettes en avouant la jouissance qu'il connut à contempler les tours de Manhattan en feu, mastodontes de la modernité s'écroulant sur elles-mêmes, avec leurs gerbes de silhouettes humaines dans les volutes de fumées noires et rouges. Jamais œuvre d'art, a-t-il écrit, n'atteindrait une telle majesté. Au lieu de gendarmer contre cette impudence absolue, mieux eût valu s'interroger.

De la chute de Troie qui éclaire l'*Iliade* à l'incendie du Walhala qui couronne le Crépuscule des dieux wagnérien, depuis la « nuit mérovingienne » de Proust jusqu'au testament du docteur Mabuse où Fritz Lang prophétise les fürhers qui arrivent, poètes, peintres et cinéastes ont mis en scène la possibilité de Manhattan en flammes. Pourquoi leur en tenir rigueur ? Méditez leurs audaces, et inscrivez leurs délires dans les programmes des « sciences politiques ».

1. Sénèque, *Les Troyennes*, v. 1135-1140, Les Belles Lettres, p. 103. Trop méconnu, le théâtre de Sénèque n'est plus totalement ignoré par l'université. Voir par exemple les travaux de Florence Dupont, *Les Monstres de Sénèque*, Belin, 1995 et Alexandre Schiesaro, *The Passion in Play*, Cambridge, 2003.

L'Icône du rebelle exterminateur de Sénèque à Genet

« Toutes les méthodes sont bonnes
... tous les coups sont bons[1]. »

Antonin Artaud fut promoteur et poète du « Théâtre de la Cruauté », il rendait à César ce qui est à César et à Sénèque l'hommage de l'élève au fondateur du genre. Jean Genet, lui, improvise sans souci, et même si la filiation de Sénèque jusqu'à lui est flagrante, il ne semble pas s'en être régalé, du moins en apparence. La rencontre de leurs œuvres n'en est que plus parlante. Les « incendiaires planétaires » – ces Palestiniens que Jean Genet vénère et dont il se désole de découvrir dans la réalité, *in vivo*, la corruption, les superstitions et le machisme – ne sont que les décalques roses des tragiques romains. Jugez plutôt.

Dolor : voyous aux semelles de vent, adolescents frénétiques à l'image de l'auteur, ses fedayin sont sublimes. Honnis de tous, éternels spoliés, gens sans terre, soldats sans uniforme, ostracisés. A l'occasion, un jour de sep-

1. *Genet à Chatila*, Babel, 1994, « Les Palestiniens », rédigé par Jean Genet fin 1972, p. 155.

tembre noir, massacrés par leurs frères arabes de Jordanie, ils brandissent haut une absence d'identité retournée en refus subversif de se laisser identifier. Ces citoyens de nulle part, chassés de leurs foyers, trouvent dans le deuil d'eux-mêmes leur arme absolue : « Nos tombes sont tombées d'avion sur le monde entier, et mourant n'importe où nul cimetière monumental ne les paraphe. Nos morts sont partis d'un seul point du peuple arabe pour former un continent idéal. De l'empire céleste si la Palestine ne descendait jamais sur la terre, serions-nous moins réels[1] ? » chante un guerrier, et l'écho lui répond : « Le coup de fouet des outrages était urgent. »

Dans l'icône du feddai sans patrie ni frontières, s'érige le héros d'une nation céleste, le héraut d'une « révolution totale ». Il s'estime totalement exclu. Il s'inscrit à la fraternité des hors-la-loi, ces « outlaws » chers à l'auteur, voleurs magnifiques, transsexuels en escarpins, Black Panthers et autres weathermen adeptes du cocktail molotov ; enfants perdus, putes ou hippies communient « dans le goût précisément suicidaire de la mort réussie quand la victoire se fait imprévisible... victoire ou mort, expression terminant toutes les lettres d'Arafat, personnelles ou non[2] ».

Damné de la terre par excellence et victime absolue, c'est ainsi que le feddai se voit. Et c'est ainsi qu'il se donne à voir. Il cultive, raffine, brode le curriculum vitae calamiteux des héros de Sénèque. Il est l'enfant abîmé de l'abîme. « La distance des Palestiniens aux autres peuples arabes a pour cause leur défaite. Chassés de leurs feux, de leurs jardins, poireaux, roses et des choux-raves, moutons, les Israéliens firent d'eux ces démons qui se battent, acceptent la mort en la donnant, dans le but de démolir non seulement le peuple audacieux qui les a délogés, mais avec lui tous les peuples. Les fedayin ont déclaré la guerre

1. Jean Genet, *Un captif amoureux*, Gallimard, 1986, p. 132.
2. *Ibid.*, p. 368.

au monde entier. Ils se sont donné le beau nom de révolutionnaires[1]. »

Furor : Pourquoi les Palestiniens ? « Il était tout à fait naturel que j'aille non seulement vers les plus défavorisés mais vers ceux qui cristallisent au plus haut point la haine de l'Occident. »

Retournant contre le monde les armes du désespoir, la fureur transforme le deuil du dolor en « joie contre la mort ». C'est des palmes de cette invincibilité que l'auteur de *Pompes funèbres* couronne gaillardement les « fous de Dieu » chiites (déjà) et les transsexuels (toujours), « joie du requiem, joie du kamikaze, joie du héros ». Le banal « Israël vivra ! », triste revendication de nouveau propriétaire, s'avoue d'avance battu face au « Palestine vaincra ! », cri de guerre d'une nation sans terre et par là céleste.

> « Accepter un territoire, si exigu fût-il, où les Palestiniens auraient un gouvernement, une capitale, des mosquées, des églises, cimetières, monuments aux morts-martyrs, champ de courses, terrain d'aviation où un détachement de soldats présenterait deux fois par jour les armes aux chefs d'Etat étrangers, c'était une hérésie tellement grave que même la penser comme seule hypothèse était péché mortel, trahison à la révolution. Ali, tous les fedayin étant comme lui, n'admettait qu'une révolution grandiose en forme de bouquet d'artifice, un incendie sautant de banque en banque, d'opéra en opéra, de prison en palais de justice[2]. »

Portée par une violence quasi tellurique, la bombe humaine, à l'image de la reine Médée, plane au-delà du bien et du mal avec l'énergie imprévisible et implacable

1. *Ibid.*, p. 496.
2. *Ibid.*, p. 359.

d'une force de la nature. « La brutalité d'une irruption volcanique, celle d'une tempête, ou plus quotidienne celle d'un animal, n'appellent aucun jugement. La violence d'un bourgeon qui éclate – contre toute attente et contre toute difficulté – nous émeut toujours », écrit Genet, cette fois il parle du terrorisme allemand de la « R.A.F. » de Baader, autre élu parmi les anges exterminateurs.

Nefas : Pareille apologie se soutient de l'exécration du « système », système exploiteur défini selon la vulgate marxiste élémentaire, comme capitaliste et, selon un nietzschéisme tout aussi primaire, comme aliénation judéo-chrétienne. L'insurrection palestinienne cesse alors d'être « un combat pour une terre volée », elle s'enfle aux dimensions d'une « lutte métaphysique », celle d'une « guerre aux Dieux ». A l'occasion, elle invoque Allah, sans se formaliser ; « admirable détour par Dieu lui-même », le fanatisme théologique se trouve mobilisé pour la bonne cause dans la lutte à mort, la seule qui vaille, « entre les valeurs judaïques et les révoltes vivantes ». Le Feddai poétise et se voit poétisé, il est le héros absolu d'un rejet intégral, physique et moral, de la civilisation occidentale.

Le manichéisme théorique se double d'une pratique pas moins radicale. Ici, le poète devient prophète. 1971, Munich, jeux Olympiques. Le groupe palestinien « Septembre Noir » assassine des athlètes israéliens. Genet s'enthousiasme, encense l'assassinat, le consacre tournant décisif de l'Histoire. Le monde bascule. L'humanité est ébranlée. Prémonition ? A Munich, l'armée du terrorisme inaugure sa dimension proprement cosmique. « En transférant la lutte en Europe, Septembre Noir l'a ramenée sur son véritable terrain... En ramenant la guerre en Europe, ils [les Palestiniens] reviennent avec une logique parfaite à la source de leurs infortunes – c'étaient les gouvernements soviétique, polonais, allemand, français et anglais qui étaient en faveur de la création de l'état juif[1]. » Poussant à son terme cette logique parfaite, le poète adopte et nous renvoie le rêve ou le regret qu'il recueille sur les lèvres d'un Palestinien de ses amis : « Bombarder New York, nous ne pouvons pas[2] ! »

Publié en 1986, cet espoir déçu n'a qu'une quinzaine d'années d'avance sur l'événement. Ben Laden, nous voilà ! Après les JO sanglants, Jean Genet entonne l'hymne à la gloire des fossoyeurs de l'Occident, qui pourfendent le « monde libre » assassin de liberté avec « ses armées, ses banques, ses prisons, ses gratte-ciel phalliques, sa bureaucratie, ses innombrables perversions ». Refrain connu, reconnu, ruminé et recraché en chœur devant Manhattan dévasté. Ritournelle reprise ingénument par une théoricienne écologiste et féministe, élue de Berlin : les érections capitalistes, dit-elle, ces monuments phallocratiques devaient tôt ou tard débander, fût-ce sous les coups d'une rébellion des impuissants.

Un spectacle intégral : Vous pouvez m'objecter que le portrait du Palestinien en bombe humaine universelle et en voie de benladénisation potentielle n'engage que Jean Genet. Que celui-ci est un poète, qu'il fantasme plus la réalité qu'il ne l'observe ou la décrit. Les Palestiniens revendiquent un Etat, semble-t-il. Je suis d'accord. Mais constatez combien ce rêve n'a rien d'une élucubration solitaire, rien du fantasme réservé au troubadour amateur de radicalité blasphématoire. Cette « poésie » palestinienne, sombre et rebelle, a conquis les médias du monde entier, elle rime en boucle chaque soir, au journal de 20 heures.

Depuis des décennies, le téléspectateur universel se berce de deuils et de douleurs, de fureurs inassouvies, de désespoirs abyssaux hurlés plein cadre. Enfants vengeurs,

1. *Genet à Chatila*, *op. cit.*, p. 153.
2. *Un captif amoureux*, *op. cit.*, p. 389.

cercueils verts et noirs portés par des foules exaltées, voitures explosées, corps ensanglantés brandis en trophée, attentats suicide justifiés à titre posthume par des « martyrs » dûment pré-enregistrés, grimés et costumés dans une forêt de fleurs. Mères, sœurs, épouses arrachent leurs voiles et tendent les bras au ciel pour réclamer la colère d'un Dieu ; des foules d'adolescents graciles, époustouflants d'audace, jettent leurs cailloux et prennent d'assaut les monstres blindés. Maisons éventrées, sirènes, hurlements, cris, girophares dans la nuit... bombardements ou pannes d'électricité, rien n'est épargné, le décompte macabre est dressé chaque soir. La Palestine à la télé se livre en feuilleton familier d'une violence totale, totalement mythique et par là totalement rassurante.

Le nombre de morts ne fait rien à l'affaire. Il n'y a pas, loin de là, en Palestine plus de malheurs accumulés qu'ailleurs sur le reste de la planète. Inutile de rappeler qu'il existe des peuples incomparablement plus endeuillés. Génocide des Tutsis en 1994 et dont les survivants ne cessent de crever de faim et de sida. Tchétchènes massacrés par centaines de milliers depuis dix ans. Noirs et chrétiens du Soudan... La litanie des peuples décimés et oubliés est longue. L'omerta qui les concerne est trop universelle et trop systématique pour être gratuite, elle n'est pas le simple effet du hasard. Question mondovision, le « problème palestinien » jouit d'une quasi-exclusivité.

Quart d'heure obligé, minute de frisson récurrente, aucune tranche d'information digne de ce nom ne peut y échapper. Prière du soir. L'actualité internationale tourne autour de ce pivot central ; symbole magique des malheurs du monde, le Palestinien cristallise tous les espoirs des opprimés. En trente ans, le fantasme chevaleresque de Genet a conquis l'opinion mondiale.

Cet engouement ne l'eût pas surpris. « Vous avez fait de nous des stars. Des ministres aussi. Vous nous appeliez :

terroristes ! Nous étions des stars terroristes. » Grâce à lui, les volontaires de la mort et les mitrailleurs sans frontières ont appris à jouer devant et pour les caméras.

> « L'Europe, le monde entier parle de nous, nous photographie, nous permet d'exister par cela, mais si les photographes ne viennent plus, ni les radios, les télévisions, si les journaux cessent de parler de nous, l'Europe, le monde entier penseront : la Révolution palestinienne est finie. Le problème a été réglé par Israël ou l'Amérique et pour eux deux. (...) Le but d'Arafat sera donc, parmi d'autres bien sûr, de provoquer toujours des événements spectaculaires, afin de nécessiter auprès de lui des escouades de photographes, de pleureuses et de chantres. D'aèdes[1]. »

Opération réussie. Plan marketing parfait. Facilité, reconnaissez-le, par les libertés offertes ; Israël, en bonne démocratie, ouvre grandes les portes du théâtre des opérations et refuse d'user d'un black-out si prisé ailleurs, par exemple au Caucase. La multitude des reporters sur place entraîne la multiplicité des reportages et l'événement se transforme en habitude confortable. Les anges déchus de Jean Genet sont devenus les divas incontestables du petit écran. Les informations télévisuelles livrent à heure fixe et répétée les dernières nouvelles du jugement dernier.

Nous tremblons, puis nous soufflons d'aise, l'apocalypse, en jeu chaque soir, n'a pas eu lieu, n'a pas lieu. A demain ! Nous restons collés au serial scénario, indispensable spectacle aux rebondissements prévisibles, sans interroger l'extraordinaire surévaluation de l'événement. Quelques milliers de morts en quelques décennies n'en font pas, loin de là et c'est heureux, un record de cruauté.

1. *Un captif amoureux*, *op. cit.*, p. 19.

La terre en a vu et en voit d'autres tous les jours. La « paix » sur cette bande de terre, nous a-t-on répété et nous avons fini par le croire tant le spectacle est affaire de famille, la « paix » sur cette lame de sable commande la paix du monde entier et décide de l'avenir de l'humanité, de l'avenir de chacun, de l'avenir de sa famille et de toutes les familles. Pas moins. Quelle secrète perversion entretient la fascination du voyeur universel rivé à son écran, qui « condamne mais contemple » et qui, délicieusement piégé par Palestinien interposé, découvre que « rien ne donne un plaisir plus profond que de briser les tabous » ?

Mettons les points sur les i à l'intention des malveillants qui auraient eu l'obligeance de ne pas jeter ce livre au feu. Ma lecture de Genet, à la lumière de l'actualité la plus actuelle, n'est aucunement accusatrice, mais bien admirative. Jean Genet est un voyant, plutôt qu'un reporter. Il n'a pas exercé dans les faits la moindre, ni bonne ni mauvaise, influence sur des médias grand public, qui ignorent souverainement ses écrits. Ses textes, de diffusion relativement confidentielle, ont le mérite d'expliciter l'implicite qui gouverne le roman-photo des infos. Scènes de deuil, scènes de fureur, célébrations, autocélébrations, icônes et images pieuses défilent en boucle, formatées une fois pour toutes à usage de tous.

Genet savait qu'il opérait un montage et non un reportage. Il l'avait sciemment décidé. Il nous contait une histoire sainte, l'évangile de saint Hamza, ce jeune homme qui hante chaque page de son récit et le couple divin qu'il forme avec sa mère.

« Dès que nous fûmes sortis de Jordanie, l'image d'Hamza avec sa mère ne quitta guère ma pensée... si j'évoquais la mère, seule, par exemple quand elle ouvrit la porte de la chambre, son fils était toujours, lui aussi, immense et veillait sur elle son fusil à la main. Finalement je n'imaginai jamais une figure seule : toujours un couple dont l'une était prise dans l'attitude quotidienne et avec ses mensurations réelles, l'autre géante, simplement présente, ayant la consistance et les proportions d'une figure mythologique... Ce groupe tant de fois répété, profondément chrétien, symbole de la douleur inconsolable d'une mère dont le fils était Dieu, comment pouvait-il m'apparaître, et si vite, avec la tristesse d'un coup de foudre, le symbole de la résistance palestinienne, ce qui serait assez explicable, mais au contraire “que cette révolte eût lieu afin que me hantât ce couple[1]” ? »

Hamza et sa mère. Pas seulement mater dolorosa éplorée implorant au pied de la croix son fils crucifié. Pas seulement pietà tenant serré contre son sein le corps mort décroché de la croix. La vierge et son fils divin, cette fois un couple de veilleurs, l'un et l'autre, et veillant l'un sur l'autre, le « sceau de la Révolution palestinienne ». Genet sait, le journal du matin ou du soir ne sait pas, qu'il mythologise. L'aventure mystique et surréaliste du poète vire à l'imagerie kitch et postiche de la propagande. On passe du poétique au pompier : ce Fils-symbole, « toujours immense », veillant sur sa mère Kalachnikov au poing, figure mythologique « géante », c'est le Dieu du 20 heures.

1. *Un captif amoureux*, *op. cit.*, p. 242-243.

3

Pourquoi les coiffeurs ?

— Ce soir on tue les coiffeurs et les juifs !
— Pourquoi les coiffeurs ?

La haine va de l'avant avec le flegme implacable du bulldozer. Sans se soucier des objections, qui, à ses yeux, ne témoignent que de l'hostilité des objecteurs : on la persécute, on lui en veut, donc elle confirme ses raisons de tirer à vue sur qui tente de la contenir. Retiens-la et elle fait un malheur ! Une passion si hermétique, sans porte ni fenêtre, ignore et toise de sa superbe tout principe de réalité. Pour elle, il n'y a pas de faits, il n'y a que des interprétations. Rencontre-t-elle le moindre obstacle, aussitôt elle s'empresse de bricoler quelque théorie du complot pour assener avec une force décuplée qu'elle ne s'est pas trompée.

Elle l'assure : seul un personnage mal embouché, un méchant, un traître, un ennemi du peuple, un « insecte nuisible » dirait son camarade Lénine, prétend barrer son chemin et saboter ses efforts. Quoi qu'il advienne, la haine a toujours raison, ses échecs mêmes la confortent, non elle ne suit pas une fausse route, non elle n'en fait pas trop, mais toujours pas assez.

Défiant l'univers, tel un rhinocéros cuirassé de certitudes inébranlées, inébranlables, elle fonce et ne rend de comptes qu'à elle-même. De là vient peut-être cette tentation bêtasse et si partagée de la classer hâtivement dans la colonne des lubies pures et simples ; la haine serait une maladie de l'âme relevant des thérapies disponibles en nombre sur le marché psy. La haine, ça se soigne. Voilà qui rassure !

L'observateur abusé glisse sur cette pente paresseuse et tombe dans le panneau classique de l'ethnologue (que Lévi-Strauss critiqua en son temps), prisonnier volontaire des fictions sécrétées par les mythes qu'il étudie. Les militants de la haine prétendent se fonder sur des expériences intimes, indubitables : je « les » connais bien, vous non. Si vous aviez subi le calvaire qu'« ils » m'ont fait vivre ! Pareille invocation à quelque certitude existentiellement validée est pure affabulation.

Remarquez au contraire combien la haine, en douce, vise et frappe pile où il faut, combien elle s'entend à mobiliser des foules, loin, très loin des misérables récriminations et ressentiments personnels. Questions : pourquoi la haine ne s'arrête-t-elle pas aux barrières d'une fureur caractérielle ? pourquoi se montre-t-elle d'emblée contagieuse et capable d'embraser les alentours ? Hypothèse en guise de réponse : parce qu'elle touche, dans son apparente gratuité, aux enjeux les plus fondamentaux de la condition humaine.

L'étrange capacité d'agglutiner des délires singuliers et les rages hétérogènes autour d'une furie lyncheuse collective pour en faire un lien social d'excellence, s'illustre, énigme entre les énigmes, par la haine des Juifs. Cette passion destructrice traverse les millénaires, s'habille au goût du jour, renaît sans cesse des cendres de divers fanatismes qui semblent la motiver. Elle parut chrétienne, mais lorsque l'Europe se déchristianisa, elle atteint son acmé. On la croyait éteinte après Hitler et voilà qu'elle se mondialise. On l'espère cantonnée dans quelques excès obscurantistes ou xénophobes, mais l'actualité du soir titre sur Jérusalem et ses environs, à charge pour chaque habitant de la planète de prendre parti et choisir son camp.

La « question juive » n'est aucunement une obsession maladive qui n'agiterait que les cervelles intégristes musulmanes, lesquelles ne font que ravauder les thèmes éculés des antisémitismes religieux, étatistes, anti-occidentaux jadis véhiculés par l'Occident lui-même. Beaucoup plus bizarre est la tolérance et la complaisance d'une opinion mondiale avertie, éclairée et pétrie, à l'en croire, des meilleures intentions.

Mikis Theodorakis, grand compositeur et grande conscience s'il en est sous le soleil de la Grèce moderne, déclare, très applaudi devant un parterre de journalistes et de ministres : « Nous sommes deux nations sans frères dans le monde, nous [les Grecs] et les Juifs, mais ils ont le fanatisme et le culte de la force... Aujourd'hui nous pouvons dire que cette petite nation [les Juifs] est la racine du mal, pas du bien, trop de suffisance et trop d'obstination c'est le mal... Ils n'ont que les ombres d'Abraham et de Jacob, nous avons le grand Périclès » (novembre 2003).

QUESTION DE FAIT

Soyons clairs. Mon propos n'est pas ici d'incriminer quiconque critique telle ou telle politique d'Israël. Que ce soit celle du gouvernement ou celle de l'opposition. Pacifisme ou bellicisme. Chaque citoyen, sur notre planète démocratique, dispose librement du droit d'exprimer une opinion négative touchant la ligne supposée trop militariste de tel leader ou trop angélique de tel autre. A l'exemple des électeurs israéliens qui perdent rarement l'occasion de contester impitoyablement leurs éphémères représentants, nul n'est tenu de soutenir sans conditions la majorité au pouvoir, sous peine de tomber dans l'absurdité de condamner, non moins sans conditions, l'opposition du jour, laquelle peut démocratiquement devenir la majorité de demain.

Marquer son désaccord avec une option stratégique, pour l'instant dominante dans l'opinion israélienne, ne mérite donc aucunement d'être taxé d'antisémite, antijuif ou judéophobe. Est-ce à dire que ces qualificatifs péjoratifs sont désormais hors d'usage ? Ou bien que de multiples exagérations et dérapages transgressent le champ des libres discussions et leur prêtent une nouvelle vie ?

L'outrance signale communément que la passion est en train de l'emporter sur le bon sens. L'accumulation d'outrances témoigne que l'argumentation rationnelle ou raisonnable cède le pas à des pulsions inavouées parce qu'encore inavouables. Or l'actualité multiplie les signaux inquiétants :

Lors d'un sondage commandé par la Commission européenne (publié avec retard, donc gêne le 3 novembre 2003), Israël décroche la palme des Etats prédateurs, cité par 59 % des sondés comme danger n° 1 pour la paix dans le monde, devant l'Iran, la Corée du Nord, l'Irak et les Etats-Unis (53 %). La Russie, forte de ses possibles 300 000 Tchétchènes morts, n'inquiète pas davantage que la Chine communiste, toutes deux en queue du peloton (22 %).

Eu égard aux proclamations belliqueuses que s'échangent depuis un demi-siècle deux puissances devenues entre-temps nucléaires, le Pakistan et l'Inde, compte tenu des menaces réitérées de la Chine communiste pour « récupérer » Taïwan par la force quitte à défier la marine US et le Japon, on se frotte les yeux : Israël, ce territoire mouchoir de poche et ses quatre ou cinq millions d'habitants est le péril suprême pour le XXIe siècle !

En rire ou en pleurer ? Force est de conclure, comme le remarque un éditorial du *Monde*[1], qu'on « quitte le terrain de la critique légitime d'une politique gouvernementale quand on pratique, comme certains milieux en Europe, un discours de dénonciation systématique et unilatérale qui démonise Israël. Cette rhétorique sous-entend que pareil Etat systématiquement criminel, ne peut avoir sa place parmi les autres. De la critique d'un gouvernement, on passe, insensiblement, au questionnement sur le droit à l'existence d'un pays. Peu importe au fond que ses promoteurs en soient conscients, ou non, le fait est là : cette hargne anti-israélienne nourrit aussi une nouvelle forme d'antisémitisme ».

D'autres indices inclinent à penser qu'entre la « hargne anti-israélienne », dont parle *Le Monde*, et le passage à l'acte haineux, le franchissement gagne en facilité. Témoin la croissance vertigineuse des agressions qui visent les juifs en tant que tels relevée par les statisticiens des administrations françaises et des institutions européennes. Non moins révélatrice est la remise en circulation d'un stock deux fois millénaire de préjugés assassins. A l'exemple d'un quotidien aussi honorable que *La Stampa* de Turin publiant la caricature d'un tank frappé à l'étoile de David pointant son canon sur l'enfant Jésus dans la crèche, lequel s'exclame « Vont-ils encore venir m'éliminer ? », fine allusion au péché de déicide et au meurtre rituel. Comme Vatican II et ses repentances semblent soudainement lointains et oubliés !

Dans un ouvrage remarquable *Au nom de l'antisionisme*, Joël et Dan Kotek dressent le catalogue peu ragoûtant de caricatures qui s'affichent dans les journaux du monde entier. L'éternité et l'universalité du répertoire effraient : « le juif ennemi du genre humain », « le juif

1. *Le Monde*, 6 novembre 2003.

déicide », « Israël nazi », « zoomorphisme » soit le juif serpent, le juif pieuvre, le juif araignée, le cochon juif..., « les juifs maîtres du monde », « le juif corrupteur », le « juif vampire » ou « le juif ogre », « le juif infanticide » restant de loin le favori ; le renversement de la « Shoah » se taille aussi la part du lion : « Varsovie 43 = Jenine today », et peu importe que 500 000 personnes périssent dans le ghetto de Varsovie et 78 à Jenine (dont 23 soldats israéliens), l'antisémite n'est pas un apothicaire, que diable ! Ces images ont fait le tour du monde.

Durban, Afrique du Sud, septembre 2001, « Conférence Internationale contre le racisme, la discrimination raciale, la xénophobie et l'intolérance », Mary Robinson, haut commissaire des Nations unies et co-organisatrice de la réunion, brandissant une brochure de l'« Union des avocats arabes » distribuée un instant plus tôt, montrant les Juifs comme seuls les journaux de l'époque hitlérienne pouvaient le faire, s'exclame : « Moi aussi je suis juive ! »... Car loin de s'en prendre qu'à Israël, au nom d'un antisionisme convenu et presque de bon aloi dans ce genre de grand-messes internationales, c'est à la « question juive » en tant que telle que se collettent les militants « antiracistes » de Durban – « les Juifs, tous les Juifs (et pas seulement les sionistes ou les Israéliens) sont coupables et méritent d'être montrés du doigt. Responsables des malheurs du monde[1] ».

On se plaît trop souvent à minimiser ces phénomènes troublants en les réduisant aux dommages collatéraux d'une cause unique : le conflit du Proche-Orient. Supprimez la guerre entre Israël et « le monde arabe », et ces débordements maléfiques disparaissent, clame depuis des décennies la diplomatie française. Etrange ! La prétendue centralité de la querelle israélo-palestinienne est-elle vrai-

1. J. et D. Kotek, *Au nom de l'antisionisme*, avant-propos de Plantu, Complexe, 2003.

ment la raison, ou plutôt l'alibi, des haines qui incendient la région et menacent la planète ? Ni les actuels massacres du Darfour, musulmans blancs contre musulmans noirs, ni les guerres civiles – au Yémen, en Algérie, au Liban, ni la guerre Iran-Irak, ni la guerre du Golfe, ni les vingt mille habitants de Hama assassinés par l'autorité syrienne, ni l'extermination des Tchétchènes, ni le conflit du Cachemire, ni... ni... ne sont imputables à l'écharde israélienne plantée au cœur d'un monde arabe qu'on présume, coûte que coûte, solidaire et harmonieux. Rien encore n'explique comment l'existence du petit Etat d'Israël bloque le développement économique, culturel et moral de l'ensemble des sociétés arabes ou musulmanes. Cette disproportion entre la « cause » supposée et les « effets » observés montre que la diabolisation d'Israël précède les analyses qui, après coup, prétendent la justifier.

Les outrances d'un raisonnement qui déraille décèlent l'anguille sous la roche. Le fait qu'elles émanent de l'opinion européenne ou mondiale – et pas seulement des porte-parole arabes et musulmans – indique combien cette hargne, inclinant, parfois ? souvent ?, à la haine, transcende la mobilisation des despotes et des prêcheurs islamistes avides de jouer au djihad par Palestiniens interposés. Entre parenthèses, les catéchiseurs ne mégotent pas et font dans la « science », je ne résiste pas au plaisir de vous rapporter un échange de propos « scientifiques » vus à la télé syrienne ; entre deux démonstrations de crimes rituels le soir du Shabbat, on glose doctement sur les Juifs, la différence entre séfarades et ashkénazes : « *Le savant* : Ce qu'il y a d'horrible c'est que parmi les ashkénazes il y a Sharon et Bush, vu leurs racines d'origine. – *Le modérateur* : Comment ? Je ne comprends pas ? – *Le savant* : Sharon est ashkénaze – *Le modérateur* : C'est bien connu. *Le savant* : Et Bush aussi, dans ses racines. Sa famille a émigré au XVIIe siècle (je pense) aux Etats-Unis, ils étaient juifs et sont devenus chrétiens au XVIIIe siècle, il est conscient de ses racines[1]. »

On s'accorde dans un premier temps à parler de « nouvel antisémitisme » ou de nouvelle « judéophobie », marquant à la fois un constat et un embarras. Oui, quelque chose d'inédit paraît, que connote le qualificatif « nouveau ». Non, il ne s'agit pas d'un simple retour à l'antisémitisme d'antan, quand bien même à l'occasion du « nouveau », un gigantesque dépotoir d'obsessions antijuives refait surface[2]. Faut-il imaginer que la haine du Juif ressurgit aujourd'hui éternelle et inchangée après une période de latence succédant à l'ouverture des camps de la mort ? Constatons plutôt qu'époque après époque cette haine immémoriale revêt des habits neufs qui la rendent pour un temps méconnaissable.

Les trois sources de l'antisémitisme en France

Le 18 juillet 2004, à Jérusalem, Ariel Sharon proposait solennellement à tous les « Juifs de France » de « venir en Israël » et précisait : « Ils doivent bouger immédiatement. En France il se répand un antisémitisme déchaîné. »

Sharon avait tort, non point de s'inquiéter d'une réelle montée de l'antisémitisme en France, mais de l'expliquer de façon trop simpliste et d'en forcer le trait. En incrimi-

1. Rif' at 'Ufti, chercheur, spécialiste des juifs ashkénazes, TV syrienne, 16 juin 2004, sur MEMRI, TV monitor project.

2. Déjà de multiples passerelles existent entre les âges : « Circonscrire la part de l'antisémitisme dit traditionnel en regard de l'antisémitisme racial qui en est issu est une entreprise d'autant plus aléatoire que l'antijudaïsme médiéval, dans son acharnement à dénoncer l'altérité juive, déborda constamment le domaine religieux et s'en prit au juif dans son corps. » Régine Mihal Friedman, *L'Image et son Juif*, Payot, 1983, p. 252.

nant 10 % de la population française d'origine maghrébine, il plaquait indûment le schéma des Intifadas sur une vague antijuive pas moins dangereuse mais davantage européenne, et partant plus contagieuse qu'il ne l'imaginait.

1. 10 % de Français issus de parents ou d'aïeux musulmans ne font pas 10 % d'islamistes brûlant d'en découdre, solidaires des bombes humaines du Hamas. Les prêcheurs et les voyous qui prétendent importer l'Intifada et casser du Juif sont ultra-minoritaires dans ces fameux 10 %, ce qui est rassurant, mais ils s'allient avec d'autres courants antisémites, ce qui inquiète.

2. Un antisémitisme de gauche sévit sur les campus français (et européens, et américains) qui, sous couleur d'antisionisme, érige le Palestinien en figure emblématique venue se substituer au prolétaire de jadis : porte-parole de tous les opprimés de la planète, fer de lance de la lutte contre l'impérialisme, le capitalisme et la mondialisation... Pour les rebelles branchés Arafat = Guevara. Et réciproquement : Sharon = Hitler. D'où la délégitimation croissante d'un Etat qui se laisse diriger par un nazi. Le droit à l'existence d'Israël se voit ainsi remis en cause par nombre d'enseignants, militants écologistes, altermondialistes, ou simplement par les paléo-marxistes et révolutionnaires en panne de révolution.

3. Un antisémitisme classique, honteux et silencieux depuis Vichy, Pétain et la collaboration (40-45) relève sournoisement la tête. En particulier dans les milieux vieille France et conservateurs. Divers dérapages manifestent qu'une vulgate du Quai d'Orsay tient Israël pour une épine plantée au cœur du « monde arabe ». On se souvient de la sortie d'un ambassadeur de France à Londres sur le « shitty little country... Why should the world be in danger of World War III because of those people ». Ancien porte-parole officiel d'un ministre des Affaires étrangères du président Mitterrand, l'ambassadeur fut épinglé dans la presse anglaise, mais ne présenta aucune excuse. Ses propos sur « le petit pays de merde » ne furent pas jugés « inadmissibles » comme ceux de Sharon aujourd'hui. Il finit sa carrière comme ambassadeur de France en Algérie, poste envié et décisif. Quand Silvio Berlusconi proposa *ex abrupto* d'étendre l'Europe à la Russie, la Turquie et Israël, il lui fut répondu côté français : pourquoi Israël ?, « il n'y a aucun lien géographique » (ce qui est vrai), aucun lien « ni historique ni culturel entre Israël et l'Europe » (ce qui est un comble d'analphabétisme volontaire). La disparition d'Israël ferait couler peu de larmes à Paris, n'était la difficulté d'une telle issue, vu l'alliance Washington-Jérusalem. Antisémitisme, dénonciation de la perfide Albion et antiaméricanisme n'ont pas attendu Blair, Bush et Sharon.

Malheureusement l'actualité conjugue les trois manières d'ostraciser les Juifs et prépare de dangereux cocktails :

1 + 2 : Les islamistes sont chaudement accueillis par les bonnes âmes altermondialistes sur leurs sites Internet, au Forum social européen de Saint-Denis (2004), où ils peuvent éclairer l'auditoire sur le bon usage du Protocole des Sages de Sion et autres moratoires sur la lapidation des femmes. Tout se passe comme si les contestataires politiquement corrects trouvaient dans les intifadistes des quartiers déshérités une nouvelle « base de masse », ersatz des ouvriers qu'ils ne recruteront jamais. Réciproquement, les gangs de banlieue apprécient le parapluie juridique et médiatique que leur assurent les bien-pensants ex-tiers-mondistes.

1 + 2 + 3 : De l'extrême gauche à l'extrême droite, toute la France politique – simple militant, député, syndicaliste, ministres et chef de l'état confondus – a tonné contre l'intervention en Irak : « Bush = Sharon = assassins », dit la rue. « Sharon = Bush = mépris de la loi internationale », assurent les salons. Loin d'être un simple effet d'Intifada, la montée de l'antisémitisme est jumelle de la vague d'antiaméricanisme qui a frappé l'Europe depuis le 11 septembre et la submerge depuis la guerre d'Irak. Or la diplomatie française a pris la tête de la croisade antiaméricaine. Puisque la France politique quasi unanime juge les dirigeants américains et israéliens hors la loi, rien d'étonnant à ce que les émules des martyrs du Hamas frétillent comme poissons dans une France qui se reconnaît deux grands ennemis : Bush et Sharon.

Pas de fausse panique, monsieur Sharon ! Il n'est pas temps pour les Français d'origine juive de boucler leurs valises « as soon as possible », immédiatement, pour fuir en Israël. La France ne vit pas une Nuit de Cristal, elle subit une marée haute de bêtise hargneuse et prétentieuse. Cela arrive de temps en temps en douce démocratie. La vague lèche d'autres rivages, à charge pour tout citoyen de bon sens, juif ou pas, de soigner sur place, chez lui, une maladie mentalement transmissible.

Dans les années 30, mes parents, alors citoyens autrichiens avaient, en sionistes conséquents, élu domicile dans un kibboutz près de Jérusalem, où mes sœurs aînées naquirent. Peu avant l'arrivée de Hitler au pouvoir, ils décidèrent de retourner en Europe nazie, là où l'histoire se jouait. Ils s'installèrent à Berlin, puis à Hambourg, au cœur du cyclone, décidés à combattre un fléau qui allait balayer le monde...

« Diasporisme ? »

Il y a quelques années, la conférence annuelle des Ambassadeurs de France, à Paris, fut invitée à méditer le retard hexagonal ès technologies de la communication alors très en vogue. Mi-sérieuse, mi-plaisante, la conversation dévia sur une question apparemment annexe : « A terme qu'était-il préférable pour l'Europe ? Intégrer l'Etat d'Israël et, pour faire bonne mesure, le futur Etat palestinien, dans l'Union européenne, comme membres à part entière, ou sous une forme d'association spécifique, ou bien réintégrer les juifs d'Israël en les considérant individuellement comme ce qu'ils étaient dans leur grande majorité, des Européens ?

Un des ambassadeurs participant à cet échange était catégorique. Pour lui, compte tenu de sa situation démographique et de sa compétition technologique avec les Etats-Unis, il était bien préférable pour l'Europe « qu'elle retrouve ses juifs ». N'étaient-ils pas plus assimilables, compétents – en d'autres termes civilisés – que tous ceux qui pouvaient se présenter aux frontières de l'Europe sans éducation et sans préparation à la modernité !

Les « Israéliens » pouvaient retrouver la « maison européenne », ils y étaient attendus avec impatience, comme des fils injustement maltraités hier. Mais cette vision correspond-elle à la réalité psychologique de l'Europe ? Il ne s'agissait bien sûr que d'une plaisanterie sérieuse, volontairement provocatrice, consciente ou non de tabous historiques et psychologiques qu'elle violait avec allégresse[1]. »

Pure anecdote ? Simple boutade ? Ou bien « non-dit psychologique qui brûle de plus en plus les lèvres » ? Que l'Europe puisse redistribuer les cartes, satisfaire les Arabes et rapatrier filialement ses juifs est une hypothèse qui dépasse les libres propos de cocktails. L'ambassadeur plaisantin avait été précédé de quelques années par un écrivain new-yorkais, Philip Roth, à la plume caustique et souvent provocante. Dans un roman écrit en 1993[2], il met en scène son double (qu'il désavoue), lequel prêche à Jérusalem le « diasporisme » et propose que les juifs

---

1. D. Moïsi, « L'Europe et la légitimité d'Israël », *Le Monde*, 2/3/04.
2. Philip Roth, *Opération Shylock*, Gallimard, Folio.

d'origine européenne reviennent sur le vieux continent afin d'éviter « un second holocauste », prévisible tôt ou tard en Israël et accompli par des voisins arabes qui dissimulent peu leur impatience.

Discutée aux Etats-Unis, sans l'humour dont Roth ne se départit pas, l'hypothèse du « second holocauste[1] » fut renforcée par une série de déclarations incendiaires émanant de leaders non négligeables, tel l'ayatollah Rafsandjani. L'ancien (mais toujours très influent) président de la République islamique d'Iran calculait publiquement, en décembre 2001, le rapport qualité-prix ou risques-bénéfices d'une bataille nucléaire entre Israël et l'Iran : pour cinq millions de Juifs vitrifiés, l'Iran risquait de perdre trois fois plus de concitoyens, ce qui à ses yeux n'était pas cher payé. Le sacrifice de 15 millions de musulmans sur plus d'un milliard de croyants que compte la planète vaut bien l'élimination de l'Etat mécréant (compte non tenu des Palestiniens emportés dans le coup de torchon atomique). Le « second holocauste » fut ainsi considéré comme une hypothèse concevable.

Par contre, la certitude que les Allemands, les Polonais, les Français, les Anglais, les Italiens et autres Européens se bousculent sur les quais de gare pour presser sur leur cœur les Juifs retrouvés fut accueillie avec plus de scepticisme.

On peut améliorer le scénario pour le rendre bizarrement crédible. Inutile de supposer que les Israéliens, par une sorte de sionisme inversé, veuillent volontairement retourner sur des terres que leurs grands-parents ont quittées dans l'horreur. Inutile et vain aussi de supposer l'enthousiasme improbable que susciterait ce pseudo-« rapatriement » chez les populations autochtones. Il suffit d'imaginer une gigantesque opération de sauvetage

1. R. Rosenbaum, *Those who forget the past*, Random House, USA, 2004, p. 36, sq.

patronnée par l'ONU, moult ONG, force entreprises maritimes et aériennes, plus quelque armada armée et démocratique. Et le tour est joué.

Des cailloux aux kalachnikovs, des bombes humaines aux rockets, puis aux missiles, une escalade menace d'annihilation les civils ; les chancelleries négocient ; l'ONU sonne le tocsin et accouche d'un plan pour « une solution pacifique et humaine du problème israélien ». Evacuation plutôt qu'annihilation. Quatre millions de personnes, ça n'est pas la mer à boire ! Quelle bonne âme ne souscrirait pas, les larmes aux yeux et le cœur en bandoulière, à si belle entreprise ? La France se souvenant du rapatriement de son million de « pieds-noirs », de son savoir-faire donc, et rappelant ses principes – la guerre est la pire des solutions – remercierait le permissif « monde arabe » pour son comportement digne et compréhensif.

L'opprobre international retomberait sur les inconditionnels de l'affrontement et les obstinés qui se refuseraient à plier bagages. Les Nations unies s'enorgueilliraient, cette fois, de ne plus pratiquer l'omerta (comme pour les Tchétchènes) ou l'attentisme (Bosnie, Afghanistan, Timor et Darfour). Il resterait possible que les Etats-Unis freinent. L'occasion alors serait trop belle pour dénoncer le lobby juif de Washington. Au Quai d'Orsay, on se bornerait à remarquer que la cause de la paix et les intérêts américains une fois de plus ne sont pas compatibles. Gageons qu'il se trouverait une voix au Conseil de sécurité pour déplorer la dureté des temps. Et pour finir cette glorieuse équipée, constatant que les fusées s'allument au Proche-Orient comme des pétards le 14 juillet, l'Europe participerait au transfert des populations juives menacées.

Question de méthode

La clé de l'antisémitisme est l'antisémite, pas le juif. Cet axiome que Sartre martela ne souffre pas d'exception. Pour deux motifs.

Le premier est un argument de fait. Pour l'antisémite, l'objet de son aversion demeure un ovni, il ne sait pas de qui et de quoi il parle. Lorsque le jeune Hitler croise pour la première fois à Vienne d'étranges figures vêtues de caftans noirs, chapeaux, papillotes et longues barbes, il s'interroge : S'agit-il d'humains ou de créatures quasi extra-terrestres ? Sa connaissance de la chose n'a guère progressé ensuite. Lorsque Eichmann se charge de la Solution finale, il pose à l'expert en judaïsme, mais il bidonne et s'en sort parce que ses supérieurs et ses subordonnés sont plus ignorants encore. Comment expliquer qu'au Japon de nos jours, l'antisémitisme prospère, alors que les Nippons n'ont quasiment jamais vu de juifs sur leur île ? L'amputé peut souffrir d'un bras fantôme et les mauvais sentiments tourner à vide.

Deuxième motif. L'argument est de droit. Il tient au fonctionnement de la haine qui est une « foi imperméable aux raisons et à l'expérience » (Sartre). Elle se motive de l'Idée du Juif qu'elle hallucine, et non des juifs historiques et concrets qu'elle ignore : « Pour l'antisémite, ce qui fait le Juif c'est la présence en lui de la *juiverie*, principe juif analogue au phlogistique ou à la vertu dormitive de l'opium. » La conclusion tombe comme un couperet, les antisémites et eux seuls sont causes de l'antisémitisme. Le juif n'a rien à voir en l'affaire sinon qu'il doit la subir. L'idée qu'on se fait de lui est un a priori qui précède l'expérience et qui prédétermine les reproches qu'il essuie. Le juif n'est aucunement la source de l'antisémitisme, il faut penser cette passion en elle-même et par elle-même, comme si ce juif qu'elle poursuit, sans le connaître, n'existait pas.

L'antisémite « est un homme qui a peur. Non des juifs, certes : de lui-même, de sa conscience, de sa liberté, de ses instincts, de ses responsabilités, de la solitude, du changement, de la société et du monde, de tout sauf des juifs. C'est un lâche qui ne veut pas s'avouer sa lâcheté... L'antisémitisme en un mot c'est la peur devant la condition humaine[1] ».

Essayons de nous maintenir à la rigoureuse règle de pensée annoncée par Sartre, même si lui s'y montra parfois infidèle. Il faut tirer la conséquence : puisque le Juif n'est pas la cause de la haine qui l'entoure, il n'a pas à se réformer (cas du juif honteux), il n'a pas à en tirer prestige (cas du juif glorieux). S'il a subi Auschwitz, il n'y va nullement de sa faute. Pas davantage, ce ne sont les inestimables qualités qu'il s'attribue, voire la mission qu'il se fixe, qui lui valurent d'être exterminé ; la chambre à gaz n'est pas un hommage du vice à la vertu. Les identités du juif en tant que Juif et les motifs qui mobilisent ses ennemis font deux. Des unes aux autres la conséquence n'est jamais bonne. Le crime appartient au criminel.

Le génocide est pensé, perpétré, accompli par l'Allemagne hitlérienne. La Shoah, comme le nom ne l'indique pas, est une action de part en part nazie, que seuls les nazis peuvent revendiquer, à titre de mérite ou à titre d'infamie. Auschwitz n'est pas une catastrophe naturelle, la punition d'un Dieu, l'élection d'un peuple martyre, c'est une entreprise allemande. Il n'existe pas de leçon d'Auschwitz unique, indivisible et univoque pour les victimes. Avant comme après les Juifs demeurent interrogatifs et multiples, laïcs ou religieux, israéliens ou diasporiques, de plusieurs gauches ou plusieurs droites, engagés ou pas, rêveurs ou réalistes.

---

1. J.-P. Sartre, *Réflexions sur la question juive*, pp. 63-64

Faut-il s'en étonner ? Stupéfiant serait plutôt que le plus abominable des crimes confère aux survivants et surtout aux enfants de survivants une définitive personnalité, de sorte que les nazis établissent *post mortem* la fiche d'identité du juif vraiment Juif. Est-ce à dire qu'Auschwitz ne révèle rien ? Rien sur le juif, mais beaucoup sur les mondes qui l'entourent. Il a vécu l'horreur en espérant encore ou en désespérant définitivement, en priant Dieu ou en le maudissant, en pensant ou trop épuisé pour penser, il a fait l'expérience du pire du pire et quelquefois il est revenu – évidemment différent d'avant, mais aussi bien différent des autres survivants et des simples vivants. Une fois pour toutes : affirmer qu'une forfaiture nazie vienne fixer, définir, dicter comment doivent vivre, penser, prier et prospérer ses victimes, c'est proférer une absurdité. Un blasphème.

Reste une énigme à résoudre. Si, comme dit l'axiome sartrien, la haine du juif se nourrit d'une fantasmatique Idée de Juif et non de la réalité (ignorée) des juifs concrets et historiques, il faut découvrir comment et pourquoi cette volonté d'éradiquer la « juiverie » imaginaire et théorique se double sans hiatus apparent d'une tentative d'extermination des juifs réels. La réponse, à nouveau, doit être cherchée du côté de la haine. La haine du Juif, dit Sartre, vise « la condition humaine », c'est-à-dire en l'occurrence, la condition morale, mentale, politique de l'homme occidental. Involontaires grains de sable, les juifs viennent, quoi qu'ils en aient, bloquer les machineries censées tranquilliser les consciences et indiquer le chemin du bonheur.

Les anciennes questions juives

Deux millénaires que le juif embarrasse. Deux millénaires qu'il est une question vivante pour son entourage.

Deux millénaires qu'il n'y est pour rien, proie des questions que les autres se posent à eux-mêmes, parfois à son occasion et souvent à son insu.

Empêcheur de tourner en rond, le juif ne l'a pas toujours été. Dans l'Empire romain préchrétien, les juifs étaient tantôt acceptés, tantôt ostracisés ou persécutés comme beaucoup de populations allogènes. Ils subissaient les affres d'une xénophobie ordinaire, le plus souvent dédaignés comme superstitieux par des Romains outrecuidants, parfois admis dans le grand cercle des civilisés, voire loués pour la pureté de leurs mœurs et la fidélité aux traditions.

Avec l'apparition de la civilisation chrétienne, la mutation est gigantesque, relève Jules Isaac[1]. A Rome comme ailleurs, le racisme est une haine de l'autre. Un autre, supposé inférieur ou, purement et simplement, animal. L'antijudaïsme chrétien en revanche est une haine de soi, elle institue le Juif en alter ego. Pas seulement un autre qu'il convient de toiser de haut, mais un vis-à-vis, un autre moi (ego) qui semble refuser de me reconnaître comme ego (moi).

A partir du moment où le Nouveau Testament s'annonce dans l'Ancien et affirme l'accomplir, la simple persistance d'une collectivité vouée au seul Ancien Testament trouble, voire annule, la Bonne Nouvelle Christique. Jésus est le Messie tant espéré et le peuple de la Bible, qui n'a cessé de l'annoncer, se doit d'acquiescer. S'il s'y refuse, il doit payer. Les persécutions, le statut inférieur imposé au juif, le refus qui lui est signifié de posséder la terre valent simultanément pour châtiment et témoignage : la crasse du juif, sa misère et son errance obligée chantent la gloire du Dieu chrétien en exhibant l'image lamentable de qui n'a pas vénéré le Sauveur.

Par temps calmes, la haine du juif se satisfait de la

1. J. Isaac, *L'Enseignement du mépris*, Fasquelle, 1962, pp. 21-22.

dégradation infligée à un ennemi, dont l'avilissement interdit désormais que je m'identifie à lui. La haine de soi retombe au niveau plus supportable d'une haine de l'autre et d'un racisme quotidiennement partagé.

Par gros temps, quand l'identité chrétienne vacille et sombre dans la crise, pestes noires, départs pour les croisades, première « Renaissance » où les dogmes tremblent sur leurs socles, secoués par la découverte d'Aristote etc., les violences antijuives décuplent et s'accumulent[1].

Moins je suis assuré de mon bon droit, plus je me dois d'étrangler la voix qui, à l'intérieur de ma foi, conteste cette foi. En tourmentant, pillant, massacrant le juif réel, moi, chrétien dévot, je m'en prends à moi-même. Je tue mon juif intérieur, cette mauvaise conscience qui me taraude, soudain réveillée par des catastrophes naturelles, culturelles ou sociales : mes célestes certitudes ne vaudraient-elles pas tripette ?

Fin de la « reconquête » espagnole, découverte de l'Amérique, Réforme, Contre-Réforme, guerres de religions, lorsqu'à nouveau la civilisation européenne tremble sur ses fondations, les témoins de la vulnérabilité de sa conviction que sont les Juifs passent un mauvais quart d'heure. Haine des Juifs (Inquisition et Luther rivalisent) et haine des femmes (chasse aux sorcières) se croisent et refleurissent allégrement sur les chemins du doute refusé, donc projeté sur un autre intrinsèquement douteux.

Dans un univers dominé par la théologie chrétienne, le Juif, malgré lui, par le seul fait qu'il refuse la conversion, inquiète, menace et rend furibond. Mais qu'en est-il, quand Dieu s'absente ou règle de moins en moins les litiges entre les Etats et de chacun avec lui-même ? Pourquoi la haine du Juif surgit-elle ravivée, européennement partagée ?

---

1. Cf. G.I. Langmuir, *Toward a definition of Antisemitism*, California Press, 1990, chap. V, « Doubt in Christendoom ».

Un continent, en voie de laïcisation accélérée, voire d'athéisme, ne saurait se focaliser sur une ancienne « question juive », laquelle se résumait à une question que le chrétien posait au chrétien à propos d'un objet non identifié, Juif.

La question juive **n° 2** n'est pas, à nouveau, posée par les Juifs, qui, de nouveau, la subissent. C'est une question que l'Europe des Etats se pose à elle-même. Que penser, que faire de ces étranges apatrides qui circulent entre les Etats, alors que ceux-là – les uns comme les autres et les uns contre les autres – s'emploient à unifier leurs populations, et à les souder militairement, culturellement, économiquement ? Tandis que les administrations centrales s'érigent responsables de la sécurité, de la santé, de la prospérité de leurs sujets-citoyens, la circulation interfrontalière des gens sans terre encombre de plus en plus.

On est loin des problèmes de vagabondage, de trafic, de contrebande, facilement maîtrisables. Les Etats-nations s'angoissent de ne pouvoir contrôler un marché mondial en plein essor. Le mouvement des capitaux et des marchandises perturbe sans cesse les politiques étatiques ; la circulation des idées, des sentiments, des inventions, des modes et des mœurs ne respecte pas les barrières frontalières et menace la cohésion, voire l'âme des collectivités en pleine auto-adulation.

Les penseurs du XIXe opposent la plénitude spirituelle et matérielle de la communauté (« Gemeinschaft » selon F. Tönnies, stades « organiques » d'A. Comte) et l'action dissolvante des circulations sans frontières (« Gesellschaft », société, ou stade « critique » de Comte).

Hegel est formel : « L'Etat ne convient pas au principe juif et reste étranger à la législation mosaïque. » « Le Juif-juif vit, selon Hegel, dans un « état de passivité complète, d'une laideur complète ». « Cette définition n'est ni raciale ni esthétique, mais politique, le juif est un animal sans patrie[1]. » L'Europe des Etats parie que les juifs sans Etat basculent, par définition, du mauvais côté, entendez du côté de l'ennemi, quel qu'il soit, où qu'on soit : parias, traîtres en puissance ou cinquième colonne potentielle. Le ver est dans le fruit.

Aporie des Etats modernes : ils sont modernes pour autant qu'ils participent à l'expansion polymorphe de la mondialisation, ils s'affirment Etats en revendiquant une maîtrise pleine et entière des effets de cette mondialisation. On comprend que la question « juive » taraude l'Europe des Etats, puisque celle-ci nomme « juive » sa propre impuissance. L'argent est juif, voyez Rothschild, la circulation des idées révolutionne les certitudes des sciences fantasmées nationales, voyez Einstein !, comme la circulation des sentiments contamine les us et les traditions de la communauté, voyez Freud !, l'art dégénéré, juif également, pervertit les candeurs citoyennes ou raciales.

Wagner, aussi antisémite fut-il, n'échappe pas à l'opprobre et voit sa musique taxée de judaïsme. Au début du XXe siècle, Paris médit des intellectuels interlopes qui, chaque année, font pèlerinage à Bayreuth, trahissent la bonne mélodie française et s'inféodent aux rugissements wagnériens. Au même moment Berlin pangermanique fustige la société cosmopolite qui entoure Cosima Wagner. Avant, quelques années plus tard, de caresser Hitler dans le sens du poil. L'Etat européen se veut maître après Dieu, mais n'y parvient pas. Le juif, supra et infra national, à la fois banquier et paria, incarne l'échec des prétentions de l'Etat-nation. « L'un des aspects les plus fascinants de l'histoire juive demeure le fait que les Juifs prirent une part active à l'histoire européenne précisément parce qu'ils étaient un élément inter-européen et non national, dans un monde où seules les nations exis-

1. Cf. A. Glucksmann, *Les Maîtres penseurs*, Grasset, 1977, p. 101.

taient ou étaient sur le point de naître. Ce rôle fut plus durable et plus essentiel que leur fonction de banquiers des Etats[1]. »

L'Europe chrétienne avait deux fers au feu, la solution « douce » de sa question juive par la ghettoïsation des juifs réels ou la solution « dure » par leur extermination occasionnelle. L'Europe des Etats hésite de même, soit l'assimilation systématique soit l'annihilation non moins systématique[2]. Le choix entre les deux issues ne dépend aucunement des juifs réels. Peu importe qu'ils s'élisent bien-pensants ou révolutionnaires, gangsters ou salonnards, ou les deux. Seule compte la situation des Etats, selon qu'ils s'estiment au bord du gouffre ou solides et prépondérants. L'affaire Dreyfus puis la France pétainiste prouvent avec quelle facilité un appareil d'Etat, qui a fait de l'assimilation sa doctrine officielle, bascule, par temps d'orage, dans la haine exterminatrice.

La nouvelle question juive que s'inventent les nations-Etats est une question écran. Derrière elle, se profile, inavouable mais lancinante, la question de la mort des collectivités modernes. Et si la « France éternelle » ne l'était pas ? Et si l'Allemagne « über alles » ne planait pas au-dessus de tout ? Et si l'Anglais, qui jure « Right or Wrong, my country », avait le tort de sous-estimer le mal que peut produire sa patrie quitte à se ruiner elle-même ? Dans le miroir juif, les sociétés européennes déchiffrent la mortalité possible de leurs immortalité feintes.

Quand les périls semblent lointains et quasi inimaginables, l'Europe des Etats pense les juifs dans l'horizon de l'assimilation. Et, puisque les périls ne cessent de

1. H. Arendt, *Sur l'antisémitisme*, Calmann-Lévy, p. 62.

2. Cette distinction recoupe quelque peu la différence entre racisme d'exclusion et racisme d'extermination proposée par P. A. Taguieff, *La Force du préjugé*, La Découverte, 1988, ainsi que L. Kandel, *Féminisme et nazisme*, Odile Jacob, 2004, pp. 20-25.

hanter les sociétés les plus optimistes, l'assimilation devient une opération infinie : on n'a jamais fini d'exiger que le Juif accumule les preuves de son parfait patriotisme.

Dès que le danger hurle et que la tempête menace, on brise le miroir, on exorcise la mort possible de l'Etat-nation en tuant le Juif censé incarner le non-Etat. La guerre de 14-18 avait déjà chauffé à blanc l'antisémitisme latent de l'Allemagne wilhelmienne : « Dans cette guerre, plus les juifs meurent (au combat), plus leurs ennemis s'obstinent à prouver qu'ils sont tous restés à l'arrière afin de spéculer sur la guerre. La haine va doubler, voire tripler », écrit Walter Rathenau en 1916. Devenu ministre de la république de Weimar, il fut assassiné, victime expiatoire de la défaite de 1918. En période de crise, un bon juif est un juif mort.

Dès la fondation de son premier groupuscule, Hitler a centré sur la haine du Juif la politique, l'idéologie et la mythologie de son mouvement. L'alpha et l'oméga du programme nazi, du premier au dernier jour, demeura : ou bien le Juif, ou bien l'Allemagne. L'un ou l'autre. Pas de milieu. « Alors que la stérilisation et l'euthanasie visaient exclusivement à augmenter la pureté de la *Volksgemeinschaft* et reposaient sur des calculs de coûts-avantages, la ségrégation et l'extermination des Juifs – tout en constituant également un processus de purification raciale – représentaient d'abord la lutte contre un ennemi actif et redoutable, censé compromettre la survie même de l'Allemagne et du monde aryen : rien de moins qu'un affrontement apocalyptique[1]. »

Après la Deuxième Guerre mondiale, les Etats-nations d'Europe cessèrent, fût-ce sans se l'avouer, de se prendre pour le centre du monde. Ils avaient puisé dans leurs

1. Saul Friedlander, *L'Allemagne nazie et les juifs*, Le Seuil, p. 51.

défaites réciproques de quoi méditer. La question juive ne disparut pas pour autant, mais muta une troisième fois. Reste à découvrir qui la pose et pour masquer quoi.

EXISTE-T-IL UNE NOUVELLE QUESTION JUIVE ?

Une première fois l'ordre chrétien du monde exclut un être étranger à la Bonne Nouvelle Christique.

Une deuxième fois, l'Europe des Etats bute sur des créatures sans patrie ni frontières.

Qu'en est-il aujourd'hui ? Quel ordre du monde peut se trouver interpellé et récusé par la simple existence des juifs, qui à nouveau ignorent ce qu'on leur demande et pourquoi on leur en veut.

Il ne s'agit plus, à proprement parler, d'« antisémitisme », il y a longtemps que la doctrine des races et de la prétendue supériorité des unes sur les autres est tombée dans les poubelles de la science. Pourtant la haine du Juif, explicite ou camouflée, exerce à nouveau ses ravages.

Reste une question que je vous soumet. Une simple question entre mille, une question tellement grossière qu'on ne la pose et qu'on ne se la pose jamais. Demandez-vous : pourquoi, seul entre tous, le terrorisme palestinien trouve grâce au jugement de l'opinion publique mondiale qui l'explique, l'excuse, le justifie, quand elle ne l'applaudit pas ?

Est-ce parce que les Palestiniens sont musulmans ? Les Tchétchènes le sont aussi qui subissent un sort incommensurablement plus effroyable et séculaire dans une indifférence planétaire totale[1].

1. Chose vue : novembre 2003, Saint-Denis, Forum social européen, les tables rondes sur le sionisme impérialiste succèdent aux tables rondes sur l'impérialisme sioniste. Une jeune femme pose de la salle une question timide aux orateurs : « Comment expliquez-vous

Est-ce parce que les Palestiniens pratiquent un « bon » terrorisme ? Ils tuent sans discrimination des civils, des femmes, des bébés en se faisant exploser dans les bus et les cafés. Alors que les Tchétchènes sont désavoués, même lorsqu'ils ciblent les maîtres d'une armée d'occupation et font sauter leur bourreau en chef avec une précision et une économie quasi parfaite de vies humaines « collatérales ». Oublié l'assassinat héroïque de l'amiral Darlan revendiqué par la Résistance, oublié l'exécution de Heydrich, gauleiter de la Tchécoslovaquie ! Toutes les autorités morales et démocratiques condamnent la mort de Kadyrov, n° 1 des forces occupantes à Grozny, mais se montrent fort compréhensives touchant la rage aveugle des bombes humaines du Hamas.

Pourquoi seule la violence palestinienne échappe-t-elle à la condamnation universelle ?

Est-ce parce que les Palestiniens sont en état de légitime défense ? Les Tchétchènes viennent de perdre sous les balles un, deux voire trois dixièmes de leur population en dix ans. Bilan incomparablement plus sinistre que les comptes létaux des deux Intifadas.

Est-ce parce que les Palestiniens s'affirment, non sans motifs, opprimés, offensés, miséreux, humiliés ? Ils ne sont ni les premiers ni les seuls. Tant de peuples en voient d'autres, autrement épouvantables.

Qu'est-ce qui leur donne le droit de tuer au hasard en estimant leurs péchés d'avance rédimés ?

La réponse, c'est le Juif. Il n'y a pas d'exception palestinienne, mais bien une exemption. Pas d'exception dans la douleur, mais une exemption en matière de crimes. La

---

que ce sont des intellectuels juifs, Glucksmann, Lévy qui défendent les Tchétchènes musulmans ? » La réponse tombe comme un couperet : « Les Tchétchènes ne sont pas de vrais musulmans ! » Paroles de spécialiste. Et les Bosniaques ? les Afghans ? Les femmes algériennes ? Le militant de la haine décide de la bonne origine du fidèle.

stratégie des bombes humaines est, *urbi et orbi*, sévèrement condamnée, mais excusée quand elle s'exerce en Israël depuis une décennie et ces temps-ci en Irak. Dans ces deux cas et eux seuls, on reconnaît au terroriste la qualité de « résistant » ou de « martyr ». La différence entre le Palestinien, honoré, et le Tchétchène, discrédité, se résume au fait que le premier affronte des Juifs et leurs alliés. Seule importe la cible. Tuer un civil juif pèse moins lourd et paraît plus pardonnable que tuer n'importe quel autre être humain. Un Juif n'est jamais « innocent ».

Il n'y a pas d'exception palestinienne, par contre il existe une exception israélienne. L'Etat d'Israël est le seul pays reconnu par l'ONU dont le droit à l'existence est remis en cause par un grand nombre des Etats membres de ladite ONU. On m'objectera qu'il n'y a là rien d'anormal, puisque tant de pays arabes et musulmans sont en état de guerre avec l'Etat juif. Peut-être, mais qu'en est-il des millions de manifestants d'Occident qui affirment, de procession en procession, avec persévérance et conviction, que Sharon = Hitler ? Croient-ils qu'un Etat dirigé par un nazi mérite d'exister ? Plus révélatrice encore est l'étrange attitude d'une Europe démocratique qui sans vergogne applique la règle des deux poids deux mesures, en négligeant de mesurer à l'aune de sa propre expérience historique les conditions de l'établissement d'une paix stable au Proche-Orient.

Face à un conflit, il existe deux approches. L'une, idéologique, se donne pour la plus profonde, elle traite la discorde à partir de son origine : à qui la faute ? quel péché originel engendra guerre sur guerres ? qui a commencé ? Ces passionnantes et passionnées interrogations jettent de l'huile sur le brasier. Elles élèvent au carré les litiges qu'elles prétendent réduire. On retrouve les cours des récrés, quand la querelle théorique exaspère les antagonismes vécus : ce n'est pas moi, c'est lui, je n'ai pas fait exprès, c'est celui qui dit qui l'est, etc.

En revanche, la deuxième approche se veut rationnelle, ou pour le moins raisonnable, elle renverse la perspective. Elle interroge alors en aval et non plus en amont. Au lieu de demander pourquoi on en est venu là, elle cherche comment en sortir. Au lieu de se tourner avec obsession sur un passé mythique, elle tente d'anticiper son avenir et déchiffrer le conflit dans l'horizon d'une solution hypothétiquement possible.

L'Europe a pratiqué sans restriction ces deux styles de mise en perspective. Elle hystérisa ses guerres en s'acharnant à démolir ou à éradiquer nombre d'ennemis absolus. Ainsi pour la France successivement, et parfois de conserve, l'Anglais, l'Italien, l'empire d'Espagne, la maison d'Autriche ; puis vint le temps de l'Allemagne : qui a volé l'Alsace-Lorraine ? La simple référence au traité de Verdun signé au IXe siècle vire à la catastrophe répétée. Au XXe siècle la réponse à la question vaut 50 millions de morts.

Mais inversement, la carte de l'Europe moderne se soutient aussi du « droit des gens » et de la décision prise de renoncer, une fois pour toutes, à revendiquer quelque justice originelle. « Plaisante justice qu'une rivière borne ! Vérité en deçà des Pyrénées, erreur au-delà. » Le refrain de Pascal nous émerveille toujours.

La question idéologique – à qui la faute ? – se veut la plus radicale qui s'acharne sur la « cause » de la guerre. Par là, elle s'avère simultanément la plus belliqueuse – il faudra éradiquer le mal – et la plus optimiste – puisque le mal paraît éradicable. La paix suppose le retour à un *statu quo ante*, paré de l'aura des âges d'or. Il était une fois une planète heureuse, où chaque peuple vivait sur sa terre et chaque âme baignait dans la sérénité théologique...

A rebours, la sagesse des nations européennes fut d'exclure toute harmonie préétablie, le traité de Westphalie (1648) avalise les divisions – religieuses et étatiques –

existantes et prohibe les tentatives de retour à un état d'innocence ou de justice première antérieure à la violence. « La guerre elle-même n'a besoin d'aucun motif particulier ; elle semble avoir sa racine dans la nature humaine » (Kant, *Vers la paix perpétuelle*). Si la guerre est toujours déjà là, cause d'elle-même, inutile de jouer les naïfs en demandant : qui a commencé ? Une seule question demeure : comment s'arrêter ?

La paix, parlons-en !

La paix n'est pas naturelle, il faut la construire, user d'artifices et d'arbitraire. Pascal encore : si les philosophes ont parlé politique « c'était comme pour régler un hôpital de fous et s'ils ont fait semblant d'en parler comme d'une grande chose, c'est qu'ils savaient que les gens à qui ils parlaient pensaient être rois ou empereurs ». La paix civile, aussi bien qu'internationale, fut, à l'européenne, fondée non pas sur l'auto-admiration, le narcissisme et la persuasion, mais sur le désenchantement, la dissuasion et la pensée. Kant de nouveau : « Le problème de la constitution d'un Etat peut être résolu même par un peuple de démons si étrange que cela puisse paraître (pourvu qu'il soient doués d'intelligence). »

L'Europe a ses démons, le Moyen-Orient a les siens, les procédures de domptage valent pour les deux : faire la paix revient à gérer un chaos à partir d'exigences simples, carrées et incontournables :

1. L'affirmation du droit à l'existence des parties contractantes, en premier lieu des populations concernées. La paix européenne de 1945 est conclue dans le souvenir d'un génocide récent et d'exterminations massives de civils d'origines multiples. Le rejet premier et sans appel de ces paroxysmes guerriers gît au cœur de la réconciliation franco-allemande après trois siècles

d'entre-tueries. Et caetera. Traduisons : tant que les attentats contre les civils ne seront pas bannis, le conflit fleurira. Le préalable des préalables pour une paix au Moyen-Orient est la condamnation imprescriptible du terrorisme aveugle et des bombes humaines.

2. La condition réciproque de ce rejet de la terreur (au XVIe siècle on disait fanatisme, voyez Ravaillac) est l'existence d'Etats authentiques capables de faire barrage à la violence « incontrôlée » et d'abolir les écoles du crime. Traduisons : seul un Etat palestinien digne de ce nom et reconnu pour tel peut sceller une réconciliation avec l'Etat israélien, il n'y a de paix qu'entre Etats détenteurs du monopole de la violence légitime (Max Weber), même si entre Etats il est loin d'y avoir toujours la paix.

3. Les frontières réciproquement reconnues sont par principe arbitraires. Ni naturelles, fondées sur le sang et le sol. Ni célestes, tirées de l'usage cadastral et notarial du texte sacré (le Coran ou la Bible). Une frontière est bonne parce qu'elle est, elle n'existe pas parce qu'elle est bonne. Les lignes de partage sont nécessaires pour éviter les conflits qu'engendre leur manque. Application au Moyen-Orient : la frontière de 1967, à quelques modifications près, reste la seule ligne arbitraire acceptable bilatéralement. Pareille exigence exaspère nombre d'Israéliens, elle demeure impérative.

4. Le problème des réfugiés doit être, aussi douloureux ou injuste qu'il paraisse, tenu comme nul et non avenu. En 1945, des millions de Polonais furent expulsés de la terre de leurs pères par la Russie soviétique. Plus d'une dizaine de millions d'Allemands perdirent le sol immémorial de leurs aïeux, jetés dehors de force par les Polonais et les Tchèques. En 1989-1990, quand l'empire communiste s'effondra, il fut stipulé que les frontières étaient définitives et qu'aucun droit au retour n'est recevable. Cette condition *sine qua non* d'une paix européenne embarrasse au plus haut point les négociateurs palesti-

niens, mais elle est inexorable. L'expérience européenne en témoigne.

5. Jérusalem. La difficulté est sans précédent européen. Trois religions et leurs progénitures se disputent les lieux, s'acharnent bon an mal an, depuis quelques millénaires, les unes contre les autres, chacune divisée avec elle-même. Des milliards de fidèles guettent plus ou moins fiévreusement l'événement en mondovision. Le cas dépasse celui du Paris que s'arrachaient catholiques, protestants et « politiques ». Ou celui de Rome, plusieurs fois pillée et dévastée parce qu'elle était devenue l'arène du conflit temporel des spirituels et l'enjeu spirituel des temporels. Une solution pour Jérusalem suppose la séparation du ciel et de la terre, donc des autorités civiles et religieuses. Rendons à Dieu ceux qui se consacrent aux services divins, et à leurs responsabilités présentes les hommes purement hommes. Paris valait une messe – la tradition prête le mot à Henri IV pour signifier combien les manières d'honorer Dieu peuvent croître et multiplier à loisir, à condition que Paris soit sauf – Jérusalem vaut bien trois messes.

Rien là ne doit choquer les religions du Livre, qui s'entendent, quand elles le désirent, à pratiquer l'art des herméneutiques, distinguant l'esprit de la lettre. Seuls s'offusquent les intégrismes littéralistes et les drogués du fanatisme qui brandissent les écrits saints comme un recueil de recettes, un manuel de combat, un bulletin d'informations passées, présentes, actuelles et éternelles, un relevé notarial, ou une carte des élégances sexuelles et hygiéniques. Ni la Bible, ni le Coran, ni le Nouveau Testament ne sauraient sans blasphème servir de guide Michelin pour une Jérusalem 2010.

Aussi nécessaires qu'elles paraissent de telles conditions demeurent difficiles pour les parties en conflit. Les Palestiniens ont à l'évidence le plus grand mal à souscrire aux impératifs 2, 4 et 5, tandis que les exigences 3 et 5 constituent un crève-cœur pour nombre d'Israéliens. Les pressions et les promesses de la Communauté européenne pourraient faciliter une issue raisonnable. Or elle ne s'y emploie pas. Il ne vient pas à l'esprit des chancelleries d'inviter les parties à résoudre le problème douloureux des réfugiés comme l'Europe a réglé le sien non moins douloureusement mais efficacement. Preuve s'il en fallait que les nations d'Europe ne considèrent pas l'Etat d'Israël comme un pays souverain, digne de jouir des garanties de paix et de sécurité qu'elles se sont octroyées réciproquement.

FAIRE DU JUIF LE TOMBEAU DU JUIF

A l'ouverture des camps de la mort, en 1945, les autorités morales et politiques de la planète s'exclamaient d'un seul souffle, bouleversées : « Plus jamais ça ! » Dans la mesure où ils furent informés, les simples mortels participèrent à l'indignation générale. On se plut à déchiffrer en pareille unanimité l'acte de naissance d'une inédite « conscience mondiale ». Un demi-siècle plus tard, semblable référence à une grande conscience collective, qui se ferait entendre en chaque conscience individuelle et les unifierait toutes, a généré maints déboires et désenchantements. On l'a baptisée législation internationale, légitimité universelle, principes éternels etc. Pour le 50e anniversaire de l'ONU, son secrétaire général, Kofi Annan en personne, n'a-t-il pas proféré sous les ors de la Sorbonne, que l'Organisation des Nations unies était la « conscience du monde » ? Cela fut dit et martelé un an tout juste après que ladite « conscience », précisément informée et dûment sollicitée par les victimes, eut laissé s'accomplir le génocide des Tutsis, qu'elle pouvait stopper dans l'œuf. Il ne s'agit là ni d'accident ni de négligence.

Dès le départ, entendons dès qu'on fut sorti de l'anus mundi, d'une merde sans précédent dans l'histoire du monde, dès que les portes de l'enfer nazi furent refermées, le quiproquo fut patent. L'unanimité bien-pensante relevait d'homonymies, plutôt que de synonymies. Les diverses autorités s'accordaient pour parler d'une même voix sans penser la même chose.

Pour certains le cri « jamais plus » relevait du constat, finie la tragédie, Hitler est mort, Israël est un Etat comme un autre, les juifs de la diaspora sont citoyens français, anglais, américains que sais-je... identiques aux autres, le rideau est tiré.

Selon d'autres, « jamais plus » valait serment. On ne décrivait pas un état de fait, le ventre de la bête immonde était encore fécond, on établissait une règle de droit, à charge pour le législateur, la fameuse « Conscience mondiale » (dans ses versions révolutionnaires ou libérales) d'interdire le retour du crime suprême.

En fin de compte, les diverses versions parvenaient à une identique conclusion : force du droit et progrès de l'histoire aidant, le pire est derrière nous, affaire classée ! Les rescapés des camps comprirent vite que leur histoire n'intéressait personne. Plus grave, ils firent face à une volonté d'omerta : Octobre 1944,

> « les journaux consacrent les colonnes entières aux prisonniers de guerre, aux déportés. Va-t-on parler des juifs ? Va-t-on saluer le retour parmi nous des rescapés, va-t-on donner une pensée à ceux qui sont morts dans les chambres à gaz de Lublin ? Pas un mot. Pas une ligne dans les quotidiens, c'est qu'il ne faut pas irriter les antisémites. Plus que jamais la France a besoin d'union. Les journalistes bien intentionnés vous disent : "Dans l'intérêt même des Juifs, ils ne faut pas trop parler d'eux."
>
> « Ils ont donc effectué une rentrée clandestine et leur joie d'être libérés ne s'est pas fondue avec la joie de la nation. Qu'ils en aient souffert, c'est ce que suffirait à

prouver le petit fait suivant : j'avais écrit dans les *Lettres françaises*, sans y penser autrement, à titre d'énumération complète, je ne sais quelle phrase sur les souffrances des prisonniers, des déportés, des détenus politiques et des Juifs. Quelques Israélites m'ont remercié d'une manière touchante : en quel délaissement fallait-il qu'ils se sentissent pour songer à remercier un auteur d'avoir seulement écrit le mot de Juif dans un article[1] ? »

Pourquoi un tel silence ? Pourquoi faudra-t-il attendre une génération en Europe pour que les survivants se fassent entendre ? Jean-Paul Sartre crut qu'on exigeait des rescapés qu'ils la bouclent afin d'escamoter la honte de Vichy et de consolider le mythe d'une France tout entière pure et résistante. L'explication ne tient pas. L'obligation de silence valut pour une, presque deux générations, alors que l'Union sacrée pour « reconstruire la France » éclata en moins de deux années, permettant toutes les injures et tous les coups. Et l'on vit à droite, à gauche et retour les quolibets voler à qui mieux mieux : fascistes, collabos, vendus, traîtres, etc. Ce vacarme accompagnait gaiement l'occultation générale de l'extermination des Juifs. Sartre crut assister à une fin de partie. En vérité c'est la troisième question juive qui entre en scène.

Qu'est-il désormais demandé aux Juifs ? De se fondre dans le paysage. De se normaliser. Et ce malgré, ou plutôt en vertu de, l'exception qu'ils viennent de vivre ou de mourir. Revoyez le premier documentaire consacré à Auschwitz, le magnifique *Nuit et Brouillard* d'Alain Resnais et Jean Cayrol (1955). 3 millions de Juifs y sont morts, le mot « juif » n'est prononcé qu'une seule fois, incidemment, dans une longue énumération, à propos

1. Jean-Paul Sartre, *op. cit.*, pp. 86-87.

d'un « étudiant juif d'Amsterdam ». Ostracisme ? Peur de paraître antisémite ? La forclusion relevée par Sartre se perpétue.

Déportation, extermination, holocauste, oui ! Le tabou est progressivement levé. Mais déportation et extermination de qui ? Le tabou dure. Il ne craquera qu'en 1968, quand des étudiants parisiens, en majorité ni juifs ni allemands, manifestent en criant : « Nous sommes tous des Juifs allemands ! » Timidement ou violemment, cette génération demandera des comptes à ses aînés.

En a-t-on fini ? Bien au contraire. La dénégation de la signification centrale et universelle de la Solution finale passe alors de l'implicite à l'explicite. Au lieu de procéder en catimini, elle opère désormais sur la place publique. Une foule d'arguments entreprennent de réduire Auschwitz à un non-événement.

Il y a la brutalité expéditive des « révisionnistes », **la négation** : les chambres à gaz n'ont pas existé, les juifs ne furent pas exterminés, pas dans ces proportions, pas de cette façon, pas pour ces raisons, etc. La négation a ses militants partout dans le monde et triomphe dans le « monde arabe ».

Il y a, plus subtile, la **banalisation** ou l'art de noyer le poisson parmi une infinité d'autres forfaits, prenons à titre d'exemple les crimes de Pinochet, soit plusieurs dizaines de milliers d'assassinés et de disparus, ils valent pour « génocide ». Il en va de même pour chaque dictateur sanglant, de Milosevic à Saddam Hussein inculpés de « génocide ». Sans oublier les morts de Jenine (55 Palestiniens combattants), dont s'autorisèrent des journalistes sérieux pour titrer pendant plus d'une semaine : « Génocide à Jenine », quand il s'agissait d'un combat. L'occasion était trop belle ! Quelle aubaine pour la Conscience universelle, les juifs enfin n'étaient plus exterminés, mais exterminateurs !

Il y a les **équations** douteuses : Auschwitz = Hiroshima = Dresde.

Il y a, creusant la confusion, **la rivalité victimaire** : pourquoi tant insister sur le malheur passé des Juifs, quand tant d'autres, bien présents, affligent notre planète ? Il y a la **surenchère** : Mel Gibson en rajoute sur les souffrances du Christ, le sang du fils de Dieu doit recouvrir le sang des Juifs déportés. Il y a les **mises en concurrence** des catastrophes, la Solution finale au problème juif est passée de mode, il y a plus grave voyez l'arme nucléaire, la désertification, le trou dans la couche d'ozone, le sida... Comme si l'un faisait de l'ombre à l'autre.

Il y a la pirouette du **renvoi dos à dos**, les rescapés des ghettos de jadis « ghettoïsent » les Palestiniens de nos jours. Il y a le bonneteau de la **conversion des victimes en bourreaux** : Sharon = Hitler, l'Arabe d'aujourd'hui est le Juif d'hier.

Ce catalogue n'est pas exhaustif, les sophismes croissent et se multiplient afin de réduire tout rappel de la Solution finale à une banale bouffée d'inanité sonore.

Pourquoi tant d'acharnement, pourquoi tant de persévérance à priver de sens l'expérience la plus terrible du XXe siècle ? Qu'une collectivité humaine soit conçue comme non humaine n'a rien que de très ordinaire. Les très sympathiques eskimos d'Amérique s'autoqualifient d'« hommes » et disqualifient les membres de la tribu voisine comme « poux ». Rien là d'étonnant. En revanche, la disparition programmée, délibérée, systématique d'un peuple constitue une entreprise moderne dont on énumère trois exemples majeurs. Lecteur arrête toi, ici, prends garde au mot « génocide ».

On abuse du vocable. Reste la chose : un ouragan rarissime où la nature n'est pour rien. Un cataclysme humain, très humain, quand des hommes en armes liquident sur ordre d'autres désarmés, coupables **uniquement d'être nés**[1],

1. A. Frossard, *Le Crime contre l'humanité*, Le Livre de Poche, p. 96.

nés Arméniens en Turquie, nés Juifs ou Tziganes en Europe, nés Tutsis au Rwanda. Le XXe siècle, le plus cruel des siècles, en recense trois. Trois pas davantage. Malgré mon horreur (explicitée et expliquée dans de nombreux livres) des planificateurs communistes, recordmen multi-multi-millionaires en cadavres, je m'interdis de classer les grandes œuvres meurtrières d'URSS, de Chine populaire et des Khmers rouges du Cambodge dans la série des génocides. Elles relèvent d'une logique autre, elles ne visent pas une extermination physique totale.

Il suffit de ce bilan macabre et du chiffre de trois pour conclure que le génocide des Juifs :

a/ constitue une expérience exceptionnelle donc cruciale pour entrevoir ce qu'il en est de l'humanité et de l'inhumanité,

b/ n'est pas un incident clos ni une aventure seulement juive.

Axiome de Clausewitz : « Une fois renversées les bornes du possible, qui n'existaient pour ainsi dire que dans notre inconscient, il est difficile de les relever. » Vérification par les faits : « Qui se souvient des Arméniens (1915) ? » dit Hitler en lançant, deux décennies plus tard, le génocide des Juifs ; un demi-siècle après la chute du nazi, nouvelle Solution finale infligée cette fois aux Tutsis du Rwanda (1994), en mondovision, donc sans nuit et brouillard, mais toujours dans l'absolue indifférence de la fameuse opinion publique internationale. Contre-preuve de l'importance que la « conscience mondiale » accorde à la révélation d'Auschwitz : elle ne s'acharnerait pas aussi obstinément à en minimiser la signification présente si cette dernière était dépourvue du moindre intérêt.

Et c'est là précisément que le bât blesse :

Ou bien la conscience mondiale existe et nous rassure, donc la Solution finale ne fut qu'un accident de parcours douloureux dû à l'erreur de chefs nazis et de leurs troupes qui ignoraient encore l'existence de ladite conscience universelle.

Ou bien la possibilité d'Auschwitz demeure inscrite à jamais à l'horizon de l'aventure humaine, et la conscience mondiale n'existe qu'en paroles, pur *flatus vocis* qui ne garantit le XXIe siècle contre aucun des dérapages dont le XXe siècle fait foi, preuve par le Rwanda.

Cette alternative livre le secret de la **troisième question juive.**

Quoi qu'ils pensent, quoi qu'ils fassent, quoi qu'ils disent, les Juifs d'après 1945 témoignent – souvent à leur insu et comme malgré eux – que l'impossible est possible. Leur simple présence renvoie la conscience mondiale au soupçon de sa non-existence.

Où étais-tu quand on m'achevait ? La seule réponse imaginable à la question que la conscience mondiale se pose à elle-même se résume dans une objurgation : fais-moi confiance, j'étais absente, mais j'ai repris mes esprits ou plus exactement, je suis née après Auschwitz pour qu'Auschwitz ne se reproduise plus.

Toujours le même refrain. La conscience chrétienne réclamait peu de chose aux Juifs, rien qu'une bonne parole, l'aveu du Nouveau Testament. Certains l'ont fait, mais demeurèrent suspects.

Les Etats modernes ont exigé seulement, concession apparemment minime, que les Juifs cessent de circuler au travers des frontières et se fixent corps, âmes et biens dans un Etat-nation. Ce qui était, on l'a vu, simplement impossible, non parce que les Juifs renâclaient, mais parce que les Etats européens étaient **européens**, eux-mêmes pris dans une continentalité qu'ils ne dominaient pas. « Les juifs étaient le seul élément européen dans une Europe divisée en nations[1]. »

1. H. Arendt, *op. cit.*, p. 97.

Aujourd'hui, la troisième question juive ne relève plus d'un ordre chrétien du monde, ni de la prétention des Etats absolus « uber alles », au-dessus de tout. Elle émane de la non moins chimérique « conscience mondiale ». Il faut que les Juifs attestent que le passé est révolu. Il faut qu'ils ne parlent plus en tant que Juifs. Il faut qu'ils s'estompent et procèdent au blanchiment des souvenirs sales. Va pour le devoir de mémoire ! A condition que l'unanimité de ceux qui commémorent prouve par son seul rassemblement que l'horreur commise hier, déplorée aujourd'hui, reste sans lendemain.

Lorsque l'ensemble des autorités religieuses, morales et politiques de la planète s'institue « conscience mondiale », s'afflige, bat sa coulpe et condamne, cette condamnation prétend avoir force de loi. De loi internationale. La troisième bonne nouvelle, n° 3 politico-cosmique, n'est pas moins fragile que la première, celle n° 1 d'un ordre du monde régi par la Providence chrétienne. Et probablement pas moins fallacieuse que la bonne nouvelle n° 2 d'une paix gérée par des Etats divinement souverains.

Antisionistes et sionistes

Une fois de plus, les Juifs sont sommés de cosigner l'annonce de la concorde universelle, les temps mauvais sont derrière nous, le règne de la conscience universelle arrive. Cette fois, c'est à titre de témoin du crime que le Juif est sollicité. Non plus comme dépositaire de l'Ancien Testament, non plus comme apatride professionnel, mais convoqué pour une histoire, la sienne. Pour la troisième fois, il doit renoncer à lui-même.

Lui, qui a vu le pire, lui qui a subi le pire doit promettre que ça n'arrivera plus, ni à lui ni à personne, donc témoigner que nous vivons la fin d'une histoire déplorable, celle des guerres totales et des massacres absolus.

Nombre de juifs, pas moins optimistes que tout un chacun, obtempèrent volontiers, pourtant une gêne demeure. Qui peut assurer qu'ils ne ressassent pas, sans y prendre garde, des souvenirs cuisants capables de balayer soudain leur candeur affirmée ? L'inconscient, ça existe que diable !

L'Inquisition catholique ne flairait-elle pas le « converso », jamais assez converti ? De même pour les nationalistes, l'« Israélite » n'est jamais suffisamment Français (ou Allemand) et demeure, quelle que soit son éducation, incapable de goûter l'authenticité d'un vers de Racine (pardon Rachel, pardon Sarah). De même, le Juif pacifié ne sera jamais assez pacifiste, dût-il en rajouter louche après louche dans les bons sentiments. S'il en fait trop, il n'en fait pas assez. Vu ce qu'il a vécu, un doute subsiste. « Il n'y a pas de fumée sans feu », répétait-on, lorsqu'il revint en 1945, à mon ami David Tazartes, matricule 184224, rescapé du convoi 71 pour Birkenau.

Quand la conscience mondiale prêche que l'humanité est une et indivisible, quelque quidam incontrôlable risque sans cesse de rappeler qu'il a fallu compter trois, 1/ ceux qui périssent dans la chambre à gaz, 2/ ceux qui les y fourrent, 3/ ceux qui détournent les yeux et laissent faire. Ou bien sous d'autres cieux, en d'autres temps plus récents, 1/ ceux qui sont découpés à la machette, 2/ ceux qui coupent, 3/ le spectateur mondial qui voit et qui zappe. Les Juifs ont beau dire et beau faire, l'actualité rappelle combien leur passé est parfois présent et demeure un possible indépassable. Conclusion : le règne de la conscience mondiale est un pieux mensonge. A moins que le Juif d'aujourd'hui ne l'authentifie en lui confiant le soin de sa survie, se sacrifiant pour elle.

Refouler l'expérience moderne de la tragédie est un travail sans fin, eu égard aux piqûres de rappel que les infos du 20 heures risquent d'administrer. Par temps calme, le prêchi-prêcha général endort le public. Il suffit d'inviter les juifs à se joindre, en donnant de la voix, au concert des bien-pensants. Quand l'atmosphère se gâte, l'unanimité se recueille dans les cimetières. Il est vilain de profaner les tombes. Là est enterré le témoin, qu'il repose en paix ! Si des insensés abjects s'amusent à réveiller les morts et les souvenirs des morts, réunissons-nous illico pour très solennellement les enfouir à nouveau. Une condamnation absolue, consensuelle et répétitive des transgressions antisémites non moins répétées, doit apurer les comptes et apporter la preuve vivante que la mémoire déchirée des Juifs est à sa place sous terre. Et souvent rien que là. Le témoignage d'aujourd'hui met hors jeu le témoignage du passé. Notre neuve union sacrée évacue facilement les conflits, supposés fratricides, d'hier. Désormais tous les hommes sont frères et entre frères, assure notre conscience mondiale, la paix va de soi.

Sauf qu'en cas de cyclone, quand la bourrasque souffle les fondements de la concorde, le corps du juif historique se met à bouger, à charge pour le Juif normalisé de l'ensevelir à jamais. La conscience mondiale l'aidera, à condition que les Juifs existants l'élisent reine du monde. Donnant donnant. L'ennui veut qu'il s'agisse d'un marché de dupes. Le passé dont on prétend faire table rase existe. L'utopie de l'harmonie universelle, à laquelle il faut le sacrifier, n'est qu'une douce chimère. Malgré bien des efforts, le Juif normalisé parvient difficilement à incarner une illusion. La transsubstantiation d'un passé noir en avenir translucide voire radieux n'opère qu'en apesanteur, lorsqu'un dimanche de la vie permet de prolonger les songes et les sommeils. Il suffit d'une rechute dans le réel pour que la conversion du normalisé laisse paraître sa fragilité.

La haine du juif s'autoproclame de nos jours « antisioniste ». Elle ne reproche pas au Juif sa race – une absurdité, elle le sait, au sens biologique du terme, mais sa solidarité « spontanée » avec l'Etat d'Israël. Le gamin vilipendé et brutalisé vaut pour futur soldat de Sharon & Co, même lorsqu'il loge à Sarcelles ou suit les cours du lycée Montaigne. L'intellectuel new-yorkais ou parisien d'ascendance juive a sur les mains le sang palestinien, à moins qu'il ne jure par Yasser Arafat et injurie Sharon. *Tertium non datur*, compter jusqu'à trois est interdit, on est sioniste ou antisioniste.

Que signifie aujourd'hui le terme « sioniste » ? Jadis, il désigna un engagement spécifique, celui d'accomplir l'« alya » en partant construire un Etat juif sur la terre de lointains ancêtres bibliques. Herzl en fut le promoteur au XIXe siècle. Dans la mesure où les frontières sont ouvertes, les visas et les passeports sous nos latitudes à la disposition de tous, nul ne peut dire qu'il existe en France, en Europe, aux Etats-Unis, un seul sioniste authentique, un seul sioniste au sens traditionnel du mot. Qui empêche quiconque dans un pays démocratique de faire ses valises et d'acheter un billet d'avion ? Qui le retient sa vie durant ? Personne.

Force est de conclure qu'employé péjorativement ou positivement peu importe, le sens du mot a muté. Un Juif de la diaspora se dit sioniste quand il reconnaît et défend le droit d'Israël à l'existence, sans se sentir obligé d'émigrer à Jérusalem et ses environs. Réciproquement, l'ancien antisémite vire antisioniste et confère au mot « sioniste » une signification élargie : Israël est un Etat prédateur historiquement, criminel actuellement, sa légitimité est douteuse, son droit à l'existence n'est pas évident, et ceux qui affichent un avis contraire – les « sionistes » – se rendent complices des criminels.

Le débat d'hier entre sionistes et antisionistes, entre les Juifs pionniers et ceux qui refusaient d'émigrer, est révolu. C'était un débat entre Juifs. Aujourd'hui il oppose purement et simplement ceux qui pensent que l'Etat d'Israël a le droit d'exister, au moins autant que n'importe quel autre Etat siégeant à l'ONU, et ceux qui pensent, peu ou prou, que non. Le débat n'est plus réservé aux Juifs.

Le Juif actuel se trouve une fois de plus coincé dans une injonction paradoxale. Ou bien il accepte que la légitimité et l'existence de l'Etat d'Israël soit mise en question – exception unique qui transforme l'Etat juif en Etat paria. Ou bien il se voit dénoncé comme « sioniste », vendu à une nation étrangère. Il réveille, dit-on, de vieux démons. On ne demande pas à un Français d'origine maghrébine de prendre position sur telle décision ou tel abus des autorités marocaines, algériennes ou tunisiennes, il est libre de réagir ou non.

Par contre, un Français d'ascendance juive, ashkénaze ou séfarade, est sommé de choisir : sionisme ou antisionisme ? Preuve qu'il a ça dans le sang. Preuve plutôt que la question juive n'en finit pas de tarauder l'opinion. Si tous les médias du monde accordent une telle importance, souvent la première, au conflit du Proche-Orient, ce n'est pas pour le nombre des victimes ou l'ampleur des combats, c'est parce que la question juive n'est pas locale. Elle met en question l'idée que chacun se construit du nouvel ordre mondial.

Si la providentielle conscience du monde tient les guides, sa « législation internationale » soumettra Israël aux votes des majorités onusiennes. S'ils renâclent en invoquant les leçons du passé, les « sionistes » sont mis au ban de l'humanité. Et la boucle sera bouclée.

Nota bene : 1/ Aucune nation au monde ne remet le soin de son autodéfense à l'Assemblée générale des Nations unies, à moins que sa faiblesse ne l'y oblige. 2/ Aucune autre nation n'est aussi instamment priée d'abandonner à la conscience mondiale la gestion de sa sécurité.

La troisième question juive est posée aux Juifs, mais non par eux. Elle les stigmatise a priori. En vitupérant les « sionistes », la Conscience mondiale somme le Juif de lui remettre les clés de sa mémoire et de son avenir.

Martin Luther King (août 1967)

« Et qu'est l'antisionisme ? C'est le déni au peuple juif d'un droit fondamental que nous réclamons à juste titre pour le peuple d'Afrique et accordons librement à toutes les nations de la terre. C'est de la discrimination envers les Juifs, mon ami, parce qu'ils sont juifs. En un mot, c'est de l'antisémitisme.

L'antisémite se réjouit de chaque occasion qui lui est donnée d'exprimer sa malveillance. L'époque a rendu impopulaire, à l'ouest, de proclamer ouvertement sa haine des Juifs. Ceci étant le cas, l'antisémite doit à chaque fois inventer de nouvelles formes et de nouveaux forums pour son poison. Combien il doit se réjouir de la nouvelle mascarade ! Il ne hait pas les Juifs. Il est seulement antisioniste. Mon ami, je ne t'accuse pas d'antisémitisme délibéré. Je sais que tu ressens, comme je le fais, un profond amour pour la vérité et la justice, et une révulsion envers le racisme, les préjugés, la discrimination. Mais je sais que tu as été trompé, comme d'autres l'ont été en te faisant croire que tu pouvais être antisioniste en restant fidèle aux principes que nous partageons, toi et moi, du fond du cœur. Que mes paroles sonnent dans les profondeurs de ton âme – quand les gens critiquent le sionisme, ne te trompe pas, ils pensent Juifs. »

L'empêcheur de tourner en rond

Sous couleur de laisser reposer une date (39-45) et un lieu (Auschwitz) à leur vraie place, le cimetière, la conscience mondiale ne censure pas un événement, mais bien davantage. Elle prétend annuler la grande redécouverte dont l'événement fut porteur, une expérience faite par les juifs qui ne concerne pas qu'eux, l'exploration d'un trou noir de l'histoire, l'anus mundi de l'humanité. Au fond de cet abîme, ils (les juifs, mais pas eux seulement) re-découvrirent deux réalités que l'optimisme moderniste et la cynique post-modernité, qui se croit par-delà le bien et le mal, veulent systématiquement évacuer : la méchanceté et la haine. « Pour le méchant, écrit Jankélévitch, la personne a un tort inexpiable à se faire pardonner, un tort radical, originel et qui affecte la racine même de son individuation – le tort d'exister[1]. »

Un méchant allègue des raisons dont il n'a que faire, il multiplie les prétextes quitte à se contredire – le Juif est un capitaliste, le Juif est un révolutionnaire... A mort ! Le verdict précède les plaidoiries, la sentence est censée sauver l'intégrité de la communauté ou l'honneur du marié.

Personne n'admet haïr sans raison et pourtant « la gratuite méchanceté se fonde elle-même et se soulève de son propre élan. (...) La méchanceté est littéralement causa sui. Ce n'est pas le haïssable qui explique la haine mais la haine qui a priori rend les choses haïssables et redouble ensuite à la vue de cet odieux qu'elle a fabriqué[2]. »

Providence divine, réconciliatrice et rédemptrice, juridiction absolue des Etats européens maîtres après Dieu, conscience mondiale abolissant les conflits sanglants et les haines séculaires, autant de bonnes nouvelles qui se heurtent, non seulement à l'infidélité ou l'incrédulité juive, mais plus radicalement à la réalité d'une condition humaine finie et faillible. La haine existe et les Juifs l'ont rencontrée. Tel est le message interdit hier, aujourd'hui et demain.

La question juive ne concerne le Juif que par raccroc. Elle se pose au supporter d'une bonne nouvelle cosmique, conscience chrétienne, conscience nationale fanatique de l'Etat ou du peuple, conscience mondiale. Celui

1. V. Jankélévitch, *Traité des vertus*, Bordas, 1949, pp. 606-607.
2. *Ibid.*

qui la pose ne sait pas qu'il la pose, puisqu'il abandonne à son mauvais ego – le Juif fictif qui le hante – le soin de la lui assener.

Axiome intouchable : le monde doit tourner rond – cosmo-théologiquement, étatico-politiquement, ou post-historiquement. Conséquence indépassable, ceux qui empêchent le monde de se perpétuer en harmonie avec lui-même sont plus forts que le monde.

Les trouble-fête dominent la fête. L'apparente misère et faiblesse du sale Juif dissimule sa toute puissance. La théorie du complot sioniste permet de réunir les trois époques de l'antisémitisme. La toute-puissance juive prétend aux pouvoirs de Dieu (une race « élue » n'est-ce pas ?), à la souveraineté absolue de l'Etat (« ils » dirigent tout) et à la maîtrise complète et universelle des rapports humains (« ils » tiennent les médias, Hollywood, Wall Street, les mafias et les révolutions...). Aucun argument n'est négligeable. Le vieux stock des anathèmes religieux, les préjugés nationaux aussi éculés soient-ils, viennent appuyer la mise à l'index de Sion fauteur de guerre et préparateur des génocides à venir.

Toujours diffusé, çà et là, comme vérité indubitable, l'illustre bobard du « Protocole des Sages de Sion[1] », déclaration de guerre des Juifs au Monde, n'est pas unique en son espèce. Auparavant, début du XIXe, le bon abbé Barruel avait doctement expliqué que la Révolution française était un désastre sciemment fomenté par les francs-maçons, puis « informé » après coup il se mit à compter les Juifs comme criminels majeurs. A la fin du même siècle, quand la reine Victoria choisit un Premier ministre, Disraeli, qui revendiquait de façon volontairement provocante ses racines juives, l'Allemagne de Guillaume s'offusqua et les antisémites dominants firent

1. En feuilleton sur les TV arabes.

leur miel de ce couple satanique. L'alliance libérale entre l'Angleterre reine des mers et le pouvoir occulte de l'internationale juive suscita le même opprobre que le duo maléfique de l'Impérialisme et du Sionisme, Bush-Sharon, Victoria-Disraeli.

L'antisémite fantasme depuis toujours le spectre d'une hyperpuissance dont il s'estime dépossédé. « Le Juif est ma propre question faite figure » résume Nicolaus Sombart. Soixante-dix ans après Victoria, Carl Schmitt, très haute autorité avant, pendant, après le IIIe Reich, restait hanté par le désespoir et la rancœur de n'être pas le Disraeli de Hitler[1].

Experte en faux de tous acabits, la police tsariste, l'Okraïna digne ancêtre du KGB, transforma un pamphlet en projet. Elle emprunta à un démocrate français (M. Joly) la description très hostile et violente de la dictature de Napoléon III pour la remodeler en programme dit « secret » des « Sages de Sion » partis à la conquête du gouvernement mondial et prêts aux pires exactions pour ce faire. Retour à l'envoyeur, le Führer national socialiste s'appropria ce plan prêté aux Juifs, brandit le protocole comme pièce à conviction et entreprit de devancer à sa manière la catastrophe que les Hébreux manigançaient.

« Le destin c'est soi-même sous la forme d'un autre », dit Hegel. En l'occurrence la formule fait mouche. Pour cesser d'être antisémite, l'antisémite doit cesser d'être lui-même et s'accepter incertain dans un monde incertain. Il doit faire le deuil d'une providence tour à tour théologique, étatique, post-historique ou tout ça à la fois. Il lui faudrait alors ne plus se croire prédestiné et renoncer à planer six mille lieues au-dessus de la prosaïque, souvent boueuse, parfois sanglante condition humaine.

---

1. N. Sombart, *Les Mâles Vertus des Allemands*, Le Cerf, 1999, p. 304.

Si les antisémites – chrétiens, athées, musulmans voire juifs honteux – abhorrent, dans le sale Juif qu'ils fabriquent, les mortels qu'ils sont, on saisit mieux avec Shakespeare combien les pathétiques mots de Shylock tombent nécessairement à plat. « Je suis juif... un Juif n'a-t-il pas des yeux ? Un Juif n'a-t-il pas des mains, des organes, des proportions, des sens, des émotions, des passions ? n'est-il pas nourri de même nourriture, blessé des mêmes armes, sujet à mêmes maladies, guéri par mêmes moyens, réchauffé et refroidi par même été, même hiver, comme un chrétien ? Si vous nous piquez, ne saignons-nous pas ? Si vous nous chatouillez, ne rions-nous pas ? Si vous nous empoisonnez, ne mourrons-nous pas ? » Si vous nous gazez, n'étouffons-nous pas ? Si vous nous brûlez, ne brûlons-nous pas ? Pauvre Shylock qui te vante précisément de ce qu'on te reproche : d'être humain, rien qu'humain. Ne t'étonne pas d'inspirer une sainte horreur à qui veut être autre qu'un homme.

L'ORIGINALITÉ DE N'ÊTRE PAS ORIGINAL

« En clair : on ne peut pas concevoir le massacre d'un groupe sans qu'il affecte la société dans son ensemble. On ne peut pas vouloir exterminer un peuple sans mettre l'humanité entière en danger. La Solution finale, élaborée contre le peuple juif, portait en germe la mort de tous les peuples. Auschwitz fut peut être un avertissement. Refuser de l'accepter comme tel constitue un risque suprême... Devant la menace croissante j'ai l'impression que le monde entier est devenu juif. Depuis deux mille ans, le peuple juif n'a cessé de vivre dans l'incertitude, et aujourd'hui toute société connaît l'incertitude ; depuis deux mille ans, le peuple juif se trouve confronté à l'inconnu, et maintenant l'inconnu, partout, menace tous les hommes. Autrement dit, la condition juive s'étend à l'humanité[1]... »

Adolf Hitler avait dit à Rauschning : « Ne vous êtes-vous pas aperçu que le juif est en toutes choses le contraire de l'Allemand et qu'il lui est cependant apparenté au point qu'on pourrait les prendre pour deux frères ? » Le remède à l'antisémitisme, c'est que l'Allemand désapprenne d'être allemand au sens où Hitler (pas lui seul) l'entend, un surhomme, un être de condition divine. Quant au Juif, il peut faire la roue, des claquettes, la grimace, découvrir une sixième dimension aux confins de l'univers, piller une banque, en créer une, gagner le tour de France ou le perdre, boire, ne pas boire, vomir, sourire, sa bonne ou sa mauvaise conduite n'éclaire aucunement une question juive devenue sienne par ricochet.

Il est le témoin d'une histoire qui n'est pas proprement juive. Une histoire d'hommes purement hommes qui advint aux Arméniens, aux siens et aux Tziganes puis resservit ses funestes plats, cinquante ans après, aux Tutsis du Rwanda. Témoin privilégié de la mortalité de l'humanité. Là, tu ouvres les yeux ou tu les fermes, tu résistes ou tu cèdes.

1. E. Wiesel, *Silences et mémoire d'hommes*, Le Seuil, 1989, pp. 26-27.

4

Le spectre de l'hyperpuissant

> « Nous savons aujourd'hui que le monde anglo-saxon de l'américanisme a décidé d'annihiler l'Europe, c'est-à-dire, la patrie, l'origine de l'Occidental. L'Originaire ne peut être liquidé. L'entrée de l'Amérique dans cette guerre planétaire n'est pas une entrée dans l'histoire, mais constitue le dernier acte de l'an-historité américaine et de l'autodévastation. »
>
> Martin Heidegger (1942) [1].

Pourquoi tant de haine s'interrogent les Américains ? D'où vient l'aversion universelle qui nous entoure ? Faut-il incriminer des maladresses en matière de communication ? Sommes-nous trop durs ? Trop interventionnistes ? Trop mous ? Trop isolationnistes ? Trop occupés

1. M. Heidegger, Hölderlins « Der Ister », *Œuvres complètes*. GA, 53, V. Klostermann, 1993, p. 68. Rappelons qu'en 1942 l'« Europe » est dominée par Hitler, mais pour Heidegger qui philosophe à Fribourg (Allemagne), c'est l'Amérique qui est la puissance dévastatrice, l'incarnation de l'anticulture.

à fuir ou trop prompts à revendiquer des responsabilités mondiales qui bon gré mal gré nous incombent ? Quand et comment avons-nous failli ?

Le débat déchire les Etats-Unis et pas seulement en période électorale. Il tourne en rond. Il est biaisé, il repose sur une erreur. En interrogeant « où est ma faute ? », l'Américain suppose que l'objet haï est la cause de la haine alors qu'ici encore la haine précède et prédétermine l'objet qu'elle se fabrique, le sale Juif, la femme impure ou fatale.

Il va de soi que ni les Juifs, ni les femmes, ni les Américains ne sont des êtres parfaits. Pas plus le reste des humains. Les uns et les autres méritent maintes critiques dont il n'y a pas lieu de s'offusquer. Les uns comme les autres sont faillibles et divers. Mais la haine se laisse repérer en majesté dès qu'elle transcende l'espace des échanges critiques. Elle sait par avance ce qu'il en est. Elle pontifie. Elle juge en toute partialité que la femme, le Juif ou l'Amérique sont intrinsèquement pervers. Ils n'ont pas droit à la parole. En tentant de se justifier, ils ne font que manifester un surcroît d'hypocrisie et de mauvaise foi. Bush est un « menteur ». Son « caniche » Blair également. La seule convocation de commissions d'enquête, où leurs faits et gestes sont passés au crible, est reçue par avance comme la preuve d'une culpabilité et non comme un effort de transparence.

Peu importe que les jurys, fifty-fifty opposition démocrate, majorité républicaine, concluent à l'erreur et au dysfonctionnement, et qu'ils lavent les deux leaders du soupçon de mensonge organisé. Peu importe sous nos cieux moins enclins à la recherche de la vérité : ils ont été soupçonnés, ils restent coupables, nos tabloïds ou faiseurs d'opinion persistent et titrent « Tricheurs », « Manipulateurs », « Incendiaires » sans points d'interrogation. Toutes les enquêtes du monde n'y changeront rien. Toutes les explications, tous les démentis, toutes les mises au point tombent à l'eau. Je ne reproche pas à l'antiaméricain de critiquer les Américains, je regrette qu'il n'admette pas que ces derniers se critiquent eux-mêmes, tâtonnent, évaluent leurs erreurs, rectifient le tir. Ils étaient partis pour une épreuve militaire rapide qu'ils gagnèrent haut la main. Ils ont négligé, Bush dixit, l'après victoire. Ils découvrent qu'il faut changer d'échelle, l'éradication du terrorisme n'est pas affaire de mois, ou de quelques années, mais d'une génération au moins estime le Congrès, majorité et opposition mêlées. La construction d'une paix antiterroriste en Irak, en Afghanistan et ailleurs constitue un « work in progress » de longue durée. L'antiaméricain n'en a cure, il condamna sans appel. Ceux que la haine accuse sont sans excuse.

Américains, si vous tenez à explorer les gouffres d'où monte une planétaire aversion, cessez un court moment de contempler votre nombril, prenez quelque distance et tournez votre regard sur des antiaméricains blindés de certitudes. La femme légère a beau s'acheter une conduite et l'épouse inhibée prendre des leçons de séduction, jamais elles n'éviteront l'une comme l'autre les sarcasmes du misogyne. Le Juif honteux, qui tente de se « normaliser », qui change de patronyme, qui renie ses ancêtres, ne désarme pas l'antisémite et sera sitôt rattrapé sous ses « masques », d'autant plus juif qu'il se cache. L'Américain, qui se croit cause de l'antiaméricanisme, est victime de son narcissisme. Le secret de la haine il faut le rechercher chez ceux qu'elle anime et enflamme. La clé de l'antiaméricanisme niche dans les obsessions et les a priori des anti-Américains.

Je choisis deux exemples pour pointer le sommet d'absurdité et de violence verbale, où culmine parfois l'antiaméricanisme ambiant. Le lecteur complétera aisément en se remémorant les énormités véhiculées sur les places publiques.

A tout seigneur tout honneur, il revient au chef de

l'extrême droite française, un Le Pen célèbre pour ses convictions sauvages et la verdeur de son expression, de décrocher le gros lot. « L'impérialiste Bush est pire que Hitler[1] », reste à savoir si Le Pen juge Hitler si criminel... Dans la course à la satanisation, les manifestants « pacifistes », mais peu pacifiques, « anti-impérialistes » d'extrême gauche, semblent distancés et leur modération les honore, eux qui se bornent aux équivalences, nommer Bush c'est penser « un fasciste », ou énoncent des équations Bush + Sharon = Hitler, ou Bush = Sharon = Hitler.

Le deuxième lot, quasiment ex æquo, est mérité par un intellectuel distingué, qui consacra plusieurs essais à post-philosopher sur l'univers concentrationnaire. A l'encontre des manifestants qui ignorent parfois, vu leur jeune âge ou leur inculture, ce dont ils parlent, Giorgio Agamben ne saurait plaider la circonstance atténuante d'un manque d'informations. Sur la première page d'un grand quotidien parisien, il nous annonce son refus de se rendre désormais aux Etats-Unis et fustige un pays qui, renforçant ses consignes de sécurité, exige les empreintes digitales des voyageurs et une fiche de renseignements avant d'autoriser le passage de sa frontière. Libre à ce brave homme de garder empreintes et photos pour d'autres usages, nul ne l'oblige à forcer sa nature ni à voyager. Par contre, les explications qu'il offre de sa décision font froid dans le dos et désespérer du bon sens. En toute obscénité, satisfait de lui-même, il sert à son lecteur une comparaison-canon à faire dresser les cheveux sur la tête : le tatouage des numéros sur l'avant-bras des déportés à l'entrée du camp d'Auschwitz et le « tatouage biopolitique » (entendez les empreintes) des touristes passant la douane américaine sont de même nature !

Bush égale Hitler, mais qu'en termes galants ces choses-

1. *Le Monde*, 16 novembre 2002. Le mot « pire » indique que ce n'est pas un compliment, sinon dans sa bouche on eût pu en douter.

là sont dites : « Il y a quelques années, j'avais écrit que le paradigme politique de l'Occident n'était plus la cité, mais le camp de concentration, et que nous étions passés d'Athènes à Auschwitz. Il s'agissait d'une thèse philosophique, et non pas d'un récit historique (ouf !), car on ne saurait confondre des phénomènes qu'il convient au contraire de distinguer (La Palisse, nous voilà !). Je voudrais suggérer que le tatouage était sans doute apparu à Auschwitz comme la manière la plus normale et la plus économique de régler l'inscription et l'enregistrement des déportés dans les camps de concentration. Le tatouage biopolitique que nous imposent maintenant les Etats-Unis pour pénétrer sur leur territoire pourrait bien être le signe avant-coureur de ce que l'on nous demandera plus tard d'accepter[1]. »

Comme la philosophie a bon dos ! Les circonvolutions filandreuses d'une écriture embarrassée n'y changent rien. Il faut avoir la haine bien mieux accrochée que le cœur pour oser le parallèle, fut-il « philosophique », la cuistrerie ne sert ici qu'à cacher l'odieux de la comparaison. Qu'y a-t-il de commun entre l'entrée à Kennedy Airport et le chemin pour la chambre à gaz ? L'empreinte d'un touriste et le marquage d'une bête humaine promise à l'abattoir ? Sénèque avait vu juste, il suffit de s'abandonner au plaisir de haïr pour perdre d'emblée le sens du grotesque. A se vautrer dans les métaphores ignobles, on égare sa raison. Et le gogo doit gober sans broncher une pensée sans fond.

Il est légitime – et nécessaire en bonne démocratie – de soumettre les leaders à une critique permanente. Celui qui conteste la politique du président des Etats-Unis ne mérite pas d'être *ipso facto* taxé d'antiaméricanisme, on devrait pouvoir s'affirmer contre G.W. Bush sans que l'imprécation et la haine n'oblitèrent la faculté de juger.

1. *Le Monde*, 12 janvier 2004.

Malheureusement le souci des nuances n'embarrasse guère le « camp de la paix » européen qui glisse de l'objection à l'anathème et dérape aisément de la polémique à la satanisation. Bush eut la maladresse d'utiliser une fois le mot « croisade » (au sens large américain : 1940-1945 = « croisade pour la liberté »), le voilà définitivement catalogué « croisé », fanatique, fondamentaliste, digne pendant de Ben laden. Il rectifia sa bévue dans les douze heures en une mosquée de New York, on dit alors : vous voyez bien, il ne sait pas ce qu'il dit ! Loin de se prendre pour la providence qui gouverne l'univers, il constate : « Le temps ne joue pas en notre faveur », et nul ne relève[1]. S'il critique la politique de soutien aveugle à divers despotismes menée par les Occidentaux depuis un demi-siècle, personne ne commente[2]. S'il se réclame de la « compassion » en proposant la légalisation de 10 millions (!) de sans-papiers, motus et bouche cousue. Par contre tous les faux pas, toutes les aberrations, tous les crimes des Etats-Unis pendant la guerre froide lui demeurent imputés à charge. Lorsqu'il reconnaît que son état-major a cédé au vertige de la victoire en Irak et que l'après-Saddam fut « mal calculé », on réitère : vous voyez, il ne sait pas ce qu'il fait ! Fantasmé aux commandes de l'appareil-monde, ce grand pontife est exigé infaillible, si pas infailliblement bon, alors inexorablement mauvais. Résumé : un insondable crétin gouverne l'univers. Les facilités de la caricature tiennent lieu de raisonnement.

Assurément Washington, face au défi d'un terrorisme jusque-là inconnu, « travaille dans l'incertain » (Pascal).

---

1. *Ouest contre Ouest*, p. 27.

2. G.W. Bush, 7 novembre 2003 : « Le fait que soixante ans durant les nations occidentales ont excusé et se sont accommodées du manque de liberté dans le Moyen-Orient n'aida en rien à notre sécurité parce que, au long terme, la stabilité ne peut pas être achetée au prix de la liberté. »

Indubitablement les responsables stratégiques ont commis de lourdes erreurs, par exemple en démobilisant l'armée irakienne défaite, lâchant dans la nature des centaines de milliers de combattants sans solde, mais bien armés. Incontestablement les états-majors ont plus que négligé la bataille dans les têtes, abandonnant la nécessité d'informer la population irakienne aux bons soins des chaînes de propagande islamiste. Ces graves défaillances, parmi d'autres, qui font l'objet d'un débat public et argumenté mené par la presse et les commissions du Congrès américain, témoignent d'une fondamentale sous-estimation des dégâts sociaux, moraux et mentaux provoqués dans la société éclatée d'Irak par trente ans d'une dictature totalitaire d'inspiration hitléro-stalinienne. Les Américains concluent majoritairement que le combat contre le terrorisme est de longue durée, la mission d'une ou deux générations[1]. Leurs critiques européens rétorquent que la cause du chaos n'est pas l'état de la planète mais ce Bush qu'ils érigent en épouvantail universel : sans lui les blanches colombes de la paix essaimeraient, de Paris et de Moscou, leurs rameaux d'olivier sur l'intégralité des cinq continents.

Rien d'étonnant si la terre natale de l'antiaméricanisme, son atelier, son promoteur théorique fut et demeure l'Europe. Le « Vieux Continent » conquit et peupla le « Nouveau Monde » sans cesser de se comparer à lui. Tantôt jaloux de la liberté exotique des bons sauvages, des pionniers et des aventuriers. Tantôt dénigrant le primitivisme et l'absence d'histoire des indigènes. Tantôt méprisant la dégénérescence d'anciens Européens qui dans la quête du dollar ont perdu les pépites de la culture. Un perpétuel balancement entre l'éloge et la dépréciation dure depuis

1. « The 9/11 Commission Report », New York, 2004.

cinq siècles. Rien là que des exagérations, pro ou contra, ordinaires.

Par contre, dans le court terme, depuis la fin de la guerre froide, l'hostilité escalade. Le 11 septembre 2001 et l'intervention en Irak précipitent le découplage transatlantique. Ici les prudents et les sages prêchent la paix. Là-bas les boutefeux partent en croisade. Ouest contre Ouest. La rupture mentale, jusqu'alors latente, éclate patente. L'antiaméricanisme est avoué, revendiqué, affiché comme une fleur à la boutonnière par une partie importante de l'Europe occidentale. On ressasse les ressentiments. On rectifie les vieux comptes. Même la gloire et la générosité passées sont revues à la baisse. Débarquements en Normandie, en Provence, libération de l'Europe, plan Marshall, tout devient suspect.

Mais pourquoi ont-ils osé cela ? Par élan du cœur ? Par goût de la liberté ? Par dégoût de la servitude ? Ne soyons pas dupes ! Avant tout pour des intérêts bien compris, les leurs (sous-entendu comme en Irak). On scrute, on réécrit l'histoire : ce qu'ils ont fait, ils ne l'ont pas accompli sans casse (toujours sous-entendu : comme en Irak). Aux journaux télévisés, comme dans les gazettes, le spectateur affine sa vision de 1944-1945, l'image des « héros » se brouille : 17 000 filles violées par les GI's & co, pas une signalée pour la Werhmacht, 50 000 français morts sous les bombes anglo-américaines... Dieu que la guerre est laide ! Et la guerre américaine plus laide encore.

WELCOME HOME !

Je regrettai, il y a dix ans, l'absence du chancelier allemand aux cérémonies de Normandie. Je ne boude pas sa présence en 2004, plaisir intime autant que philosophique. Merci aux soldats qui débarquèrent le 6 juin

1944, alors que le réseau de Résistance où travaillaient ma mère et mes sœurs aînées tombait entre les griffes de Klaus Barbie, arrestations, tortures, corps en lambeaux expédiés sans retour où nous savions. Merci aux Américains, aux Anglais, aux Canadiens, aux Australiens, aux Polonais qui m'ont sauvé un reste de famille, merci à ceux qui permirent aux Français d'aujourd'hui de n'être pas contraints à penser nazi ou stalinien, merci à ceux qui brisèrent le mur de l'Atlantique et nous aidèrent jusqu'à la chute du mur de Berlin. Sans D. Day, pas de nouvelle Europe à 6, à 15, à 25 et plus. Je suis encore, privilège de l'âge, habité par la joie cosmique, extatique, qui éclatait au-dessus de ma tête d'enfant, lorsque les grandes personnes prononçaient le mot « libération ».

Il fallut attendre le milieu des années 70 pour qu'un président de la République fédérale reconnaisse clairement et distinctement que l'Allemagne, à l'issue de la Deuxième Guerre mondiale, ne fut pas « envahie », mais « libérée ». C'est pour que la différence entre les deux mots affiche son évidence décisive que mes proches et mes lointains, à Lyon, à Omaha beach, à Stalingrad sont morts. On parle à tort et à travers, par les temps qui courent, de « légitimité internationale ». La seule, la vraie fut inaugurée sur les plages normandes. Si l'ONU, malgré son côté capharnaüm, ne ressemble pas tout à fait à la triste SDN, c'est que ses fondateurs à San Francisco avaient juré que le Japon et l'Allemagne ne seraient ni conquis ni colonisés, mais purement et simplement libérés du fascisme. D'où deux principes qui, étayant silencieusement la Chartre des Nations unies, surdéterminent ses inévitables ambiguïtés et contradictions : 1/ le droit des peuples à être libérés, 2/ l'autolimitation du droit du vainqueur, interdit de conquête mais introducteur de démocratie.

Le droit des peuples à être libéré d'un despotisme extrême – droit au D.Day – prime sur le respect ordinaire des frontières et le principe séculaire de souveraineté. Eu égard à la Déclaration universelle des droits de l'homme, expérience des totalitarismes aidant, le très essentiel droit des peuples à disposer d'eux-mêmes ne doit ni garantir ni impliquer le droit des gouvernants à disposer de leurs peuples. Le débarquement en Normandie fonde les interventions récentes au Kosovo, en Afghanistan et en Irak, même sans couverture du Conseil de sécurité. Pour une raison décisive : la légitimité inaugurale qui présida à la constitution de l'ONU l'emporte en autorité sur la jurisprudence ordinaire des institutions issues de cette légitimité fondatrice. D'autant qu'en ce dixième anniversaire du génocide des Tutsis au Rwanda, le souvenir d'épouvantables fiascos dans la gestion onusienne n'échappe à personne et surtout pas à son secrétaire général, Kofi Annan qui prêche, en vain, l'urgence d'une réforme radicale des institutions et de la législation internationales.

Les Etats-Unis peuvent-ils encore se réclamer du droit d'ingérence baptisé dans le sang versé pour libérer l'Europe ? Oui. Malgré les ignominies récentes commises dans les prisons irakiennes ? Oui. Car dans le pire comme pour le meilleur, les Etats-Unis demeurent une démocratie. Et même la plus exemplaire des démocraties. La seule à ma connaissance qui n'ait pas censuré, en pleine guerre, la publication des crimes commis par ses soldats. La seule où la presse et la télévision dévoilent en quelques semaines l'ampleur des exactions et scrutent librement les tenants et les aboutissants du crime accompli. La seule où les commissions d'enquête parlementaire citent à comparaître un président, des ministres, des généraux, les chefs des services secrets en les interrogeant sans ménagement ni restriction.

Je rappelle que la France, si généreuse donneuse de leçons, n'a jamais en quarante ans inculpé, jugé ou condamné un seul des militaires qui torturèrent pendant la guerre d'Algérie. C'est en l'an 2000 que lesdits « événements » (1954-1961) sont homologués officiellement « guerre » par le Parlement. C'est cinquante ans après l'extinction des feux, en 1995, que le Président reconnut les responsabilités de la République entre 1940 et 1945. Et c'est aujourd'hui, dix ans après les faits, qu'à la différence de la Belgique, de l'ONU, de Washington, notre pays s'obstine, gauche et droite confondues, à refuser de présenter ses excuses aux Tutsis génocidés. Voilà qui nous élève, nous Français, à des hauteurs morales inaccessibles aux rustres yankees affligés d'une presse insolente, d'un Sénat questionneur et de gouvernants contraints d'ouvrir leurs dossiers pour s'expliquer en temps réel.

Ailleurs, écoutez la différence, l'omerta règne. Avril 2004. Première vidéo : tortures systématiques, yeux énucléés, membres arrachés de présumés combattants, pyramide de corps. Deuxième vidéo : exécution délibérée d'une mère et de ses 5 enfants (de 12 mois à 7 ans) dans les environs de Chatoï (Tchétchénie). Deux témoignages filmés par des soldats russes écœurés devant les hauts faits de leurs compagnons d'armes. Un journal de Moscou, l'unique *Novaïa Gazeta*, publie les photos. Aucune réaction. Silence radio, silence télé, silence de la justice, pas un mot côté hiérarchie militaire et politique, mutisme mondial. Bush est accueilli sous les protestations, Poutine comme un frère.

Pourtant seul à ce jour, le citoyen américain ose dévisager, juger et condamner à chaud les forfaits perpétrés en son nom. L'Amérique n'est pas peuplée d'anges, mais elle reste la patrie n° 1 des droits de l'homme parce qu'elle se donne plus qu'ailleurs les moyens de mettre en lumière donc de stopper leur violation. Les droits de l'homme mesurent notre capacité de résister à l'inhumain, au mal qui nous fait face comme au diable que nous portons en nous.

Le Quiproquo

Le 6 juin 2004, la communauté européenne, les Etats-Unis et la Russie ont donc célébré en grande pompe le débarquement des Alliés – Américains, Anglais, Canadiens, Australiens, Polonais... – sur les plages de Normandie. Ce fut une belle fête. Il y eut de beaux discours. L'unanimité de rigueur pour ce 60e anniversaire dissimula peu combien les uns et les autres ne célébraient pas le même événement.

Les Américains, les Anglais et les habitants de la nouvelle Europe récemment émancipée de la tutelle communiste fêtent la double victoire de la Liberté : la fin du nazisme trouva son apogée moins d'un demi-siècle plus tard dans la défaite du totalitarisme soviétique.

Les Allemands et les Français glorifient avant tout une victoire de la paix. On se réjouit alors de la réconciliation de deux grandes nations, également victimes des bombardements et de l'absurdité des conflits terribles qui opposent les peuples aux peuples. « Quelle connerie la guerre ! », mille fois Prévert fut appelé à la rescousse.

Certes, aucun convive ne se priva de picorer dans la rhétorique du voisin, il n'empêche, les divergences subsistent. Pour les uns la Liberté est première, elle produit et garantit la paix. Pour les autres, la Paix prime et la liberté, tôt ou tard, suit. Le « camp de la paix », autorités allemandes et françaises en tête, ne jette pas le même regard sur les plages normandes que ceux qui y débarquaient leurs jeunes gars par centaines de milliers. Le « camp de la paix » apposait un point qu'il souhaitait final à trois siècles de mésentente sanglante, il enterrait la hache de guerre et avec elle le passé.

Les autres, ceux qui avaient débarqué, saluaient un commencement, pas une fin, une libération par les armes dont la légitimité demeurait à leurs yeux toujours vivante, toujours à l'œuvre.

Pareille divergence couvait bien avant le 11 septembre dans les esprits et les cœurs. Au cours des années 50, les journalistes au nez fin relevaient que les alliés européens, à la différence des Américains, sortaient de décennies guerrières avides « de calme, de repos et d'oubli », obsédés par leur impuissance et peu soucieux d'intervenir dans les tumultes du monde[1]. Depuis, deux générations ont reconstruit le vieux continent, abandonnant pour l'essentiel à Washington et Moscou le soin de décider de la paix ou de la guerre. Sous le parapluie dissuasif américain, le goût du repos et du calme, de la « commodité » est devenu une habitude. Ô que la guerre froide était douce !

Thomas L. Friedman, commentateur américain très critique de la stratégie actuelle, soutient néanmoins que les divergences transatlantiques relèvent de « deux visions différentes et pas seulement de différences tactiques ». Lorsqu'il était ministre des Affaires étrangères, Dominique de Villepin mentionnait aussi « deux visions du monde ». Le journaliste du *New York Times* cite une remarque de Carl Bildt, ex-Premier ministre de Suède, observant que pendant longtemps l'Alliance atlantique arbora un calendrier commun dont la date fondatrice était 1945, année de la victoire de la démocratie. Aujourd'hui, la différence des calendriers creuse les malentendus. Tandis que les Etats-Unis propulsent le 11 septembre 2001 tournant décisif et date de l'entrée en guerre contre le terrorisme, la communauté européenne choisit le 9 novembre 89, chute du mur de Berlin, l'implosion de l'Empire soviétique passant pour annoncer une ère nouvelle, où la force cède devant la loi. A partir de ce jour, le pouvoir anachronique des armes devait s'effacer devant le pouvoir des mots et des fleurs.

L'affolement des Américains est dénoncé, puisqu'ils récusent, depuis le 11 septembre 2001, le calendrier de la

1. J. Vinocur, *Internationnal Herald Tribune*, 19 janvier 2004.

fin de l'histoire. Les Européens, quant à eux, s'obstinent à fêter le 9 novembre 1989 comme figurant l'annonciation de la Paix, l'extinction des grands conflits militaires ou idéologiques, l'avènement planétaire du règne des Affaires selon saint Fukuyama... (lequel entre-temps a changé d'avis et reproche vertement aux Européens d'être victimes d'illusions dont il s'était fait, peu auparavant, le héraut tonitruant et simplet).

En toute quiétude, sans tambours ni trompettes, les habitants choyés de l'Ouest européen se sont faufilés dans leur village de vacances, ne comptent pas en sortir et rêvent, quand ils célèbrent le 9 novembre 1989, que l'univers suivra leur exemple avec une langueur égale. Ils oublient que le mur n'est pas tombé par le miracle d'une providence et des bons sentiments pacifiques, sa chute signe la victoire des dissidents de l'Est qui se sacrifièrent des décennies durant. Victoire d'un Geremek que le Parlement européen (juillet 2004) a renvoyé honteusement à son strapontin, faisant d'une pierre deux coups : lui refuser la présidence et rejeter dans les poubelles de sa bureaucratie un passé qui gêne sa tranquillité, celui de la résistance aux totalitarismes. Victoire aussi de Donald Reagan, sorte de Bush diabolisé en son temps, qui lança, choquant les beaux esprits, un défi à « l'empire du Mal ». La bureaucratie européenne, que ces combats laissèrent, sauf exception, indifférente, imagine que « l'élargissement » actuel est le fruit naturel de la paix qu'elle propage et que l'horreur de Manhattan, son importance surévaluée, les réponses que Washington programme portent les stigmates des violences anciennes qui ne mènent nulle part.

Congé sabbatique

Comme Alice passe de l'autre côté du miroir, l'antiaméricain, avec moins de grâce et d'humour, a découvert son havre de félicité. Il loge à Cythère et prenant ses quartiers dans l'Europe de ses vœux, celle qui tourne le dos à son allié d'outre-Atlantique, il choisit de vivre post-historiquement. La distanciation était à l'œuvre depuis longtemps, le malheur de New York en septembre 2001 ne l'inaugure pas, mais fonctionne comme un test qui vérifie ou (rarement) questionne les choix antérieurs.

Habermas, pourtant hostile à la stratégie américaine, ausculte les faux pas possibles où l'a conduit son angélisme : « Depuis le 11 septembre, je ne cesse de me demander si, au regard d'événements d'une telle violence, toute ma conception de l'activité orientée vers l'entente – celle que je développe depuis « La théorie de l'agir communicationnel » – n'est pas en train de sombrer dans le ridicule[1]. »

Pour un Habermas scrupuleux, d'autres plus nombreux, sans peur du ridicule, parient en sens contraire : « S'il s'avère qu'au XXIe siècle la possession d'une grande armée ne sert plus à rien, l'Europe l'emportera et les Etats-Unis, en l'absence d'un véritable adversaire historique, seront les idiots de l'Histoire mondiale, leur armement inutile serait l'équivalent parfait de ce que les médecins appellent l'auto-agression du système immunitaire[2]. » Pas d'« adversaire historique » ? Oubliés terrorismes, dictatures, guerres génocidaires ! La métaphore médicale – un système qui sécrète ses propres virus – invite le vieux continent à s'isoler pour léviter en apesanteur.

En termes d'aoûtien permanent, cela donne : l'Europe, vaste paradis touristique. En termes branchés : l'Europe

1. J. Derrida, J. Habermas, *Le « concept » du 11 septembre*, Galilée, 2003, p. 67.

2. « Baudrillard disait que le dernier mot de l'histoire serait “sexe”, moi je dirai plutôt que le dernier mot de l'histoire serait “confort”, un appel à la détente, “détendez-vous mais restez en forme”. » P. Sloterdijk, *Le Point*, 29 avril 2004 : « L'Europe, un vaste village de vacances ? ».

inaugure la post-histoire de l'humanité. En écologie bien comprise : les agneaux et les loups vont s'entendre. En religion pacifiste : le moment est venu de fondre les épées pour forger les socs de charrue qui décorent désormais nos résidences secondaires.

Il est temps de restituer à Dieu ce qui n'appartient pas à ses saints. Il est temps de respecter les droits d'auteur qui reviennent à la bonne vieille Europe. Lorsque Fukuyama redécouvre le mythe de la « fin de l'histoire », il barbouille d'un vernis philosophique la décision prise par le Pentagone et le département d'Etat d'alors de décréter la guerre froide terminée et de jouir des dividendes de la paix, donc de réduire au maximum les engagements sur le terrain.

Guerre avec « zéro mort », conflits de « faible intensité », dix ans durant la consigne stratégique fut « abstiens-toi », d'où le génocide des Tutsis du Rwanda, des années de purification ethnique au cœur de l'Europe, le soutien aveugle apporté au brouillon Eltsine puis à l'autocrate Poutine, l'imprévoyance devant la montée de l'islamisme terroriste et l'incapacité de bloquer la prolifération nucléaire (Corée du Nord, Iran etc.). Il fallut le coup de tonnerre du 11 septembre pour que les Etats-Unis prennent la mesure du gâchis fructifiant sous la feuille de vigne des dissertations glosant l'énigmatique post-histoire. Quelques connaisseurs en matière de circulation des idées eussent pu instiller dans les cercles d'experts une saine méfiance que nous fûmes très rares à cultiver d'emblée[1].

---

1. Dès la publication des thèses de Fukuyama (in *The National Interest*), je m'élevai contre le mensonge de la fin de l'histoire, dans la laudatio que je prononçais en l'honneur de Vaclav Havel, lauréat du prix de la Paix (Francfort 15 octobre 1989). Mon discours, « Sortir du Communisme c'est entrer dans l'Histoire », et celui de V. Havel, « Quelques mots sur la parole », ont été publiés conjointement aux éditions de l'Aube.

Lorsque le mythe de la fin de l'histoire est réhabilité de façon plutôt expéditive et primesautière à la fin du XXe siècle, il s'agit en fait de l'interprétation d'une interprétation. Fukuyama n'invente rien. Il emprunte à Kojève qui emprunte à Hegel, lequel contempla sous ses fenêtres « l'âme du monde à cheval », Napoléon, vainqueur à Iéna (1806). Tandis que l'Empereur est censé clore l'ère des guerres européennes en instaurant son empire continental et rationnel, le philosophe met un point final à son grand œuvre : « La phénoménologie de l'esprit », promettant de réconcilier le ciel et la terre, les Lumières et la religion, l'élan révolutionnaire et les nécessités de l'ordre. Cette utopie de l'extinction conjointe des débats et des combats ne laisse pas de décevoir ses épigones jusqu'à ce que Kojève, inspiré par Marx et Heidegger, la rafraîchisse dans les années 30. C'est Staline qui succède à Napoléon ! Il incombe à la révolution mondiale triomphante d'instaurer la paix sur la planète par Komintern interposé.

Troisième version du même scénario : la chute du mur de Berlin confère aux Etats-Unis le soin de gérer le nouvel ordre du monde, où désormais les conflits, devenus anachroniques, périphériques et sans objets n'affectent plus l'avenir du genre humain. Mettre dans un même panier Napoléon, Staline et Bush père... Le cocasse de l'affaire échappa à la plupart des « think tanks » qui spéculaient sur la question en ignorant sa très européenne généalogie.

Kojève professait avant la Deuxième Guerre mondiale devant un parterre de jeunes esprits doués. Toutes les têtes pensantes d'après 1945 s'y rencontraient. Bataille, Sartre, Aron, Merleau-Ponty, Hyppolite, Lacan, Simone de Beauvoir, Queneau s'immergèrent dans cette tentative radicale de rompre avec l'académisme ambiant et communiaient dans un système conceptuel où coïncidaient une fois pour toutes l'ordre du monde – l'histoire – et l'ordre des pensées – la philosophie. Chacun, plus tard, livra son interprétation originale d'un projet qu'aucun ne récusa totalement.

Le cours[1], prononcé oralement, ne fut pas transcrit par Kojève lui-même, mais par Raymond Queneau, auquel on doit l'exploration de ce qui se passe « après », une fois l'heure de la fin des combats sonnée. Il nomme « philosophes », les intellectuels post-historiques qui, ayant lu ou pas Hegel, sont persuadés qu'il n'y a plus rien à apprendre ni à « faire », puisque plus rien ne saurait arriver ; il ne leur reste qu'à savourer les dimanches de l'existence et le repos du guerrier. Résultat : une série de romans délicieusement comiques, qui collent aussi bien à l'insouciance de l'an 40, quand tout allait très bien pour les marquises, qu'aux frivolités d'aujourd'hui.

Comment vivre quand tout est accompli ? Les « philosophes » selon Queneau ont trouvé la solution, ils ne font pas de politique, s'intéressent peu à l'actualité mondiale, mais pour la plupart célibataires ou amoureux sceptiques, ils errent, palabrent, boivent et se retrouvent à Luna Park. Ils satisfont, avec un demi-siècle d'avance, aux injonctions des doctrinaires « post » et disent contempler le fond des choses quand ils observent les dessous des filles qu'un courant d'air plein d'à-propos dévoile au « Palace de la Rigolade[2] ». Queneau n'est pas dupe, il livre aux flammes d'un incendie son Luna Park post-historique. Loin d'être abolie, la violence insensée de l'histoire nous rattrape comme les guerres avec l'implacable récurrence des faits divers. Tchekhov, dans *La Cerisaie*, avait mis en scène une analogue volonté de bavardage destinée à recouvrir les bruits du monde et gommer l'inquiétude qu'ils soulèvent[3].

---

1. A. Kojève, *Introduction à la lecture de Hegel*, Gallimard, Tel, 1968.

2. R. Queneau, *Pierrot mon ami*, 1942 ; *Le Dimanche de la vie*, 1951, en Gallimard-Folio. Commentaire de P. Macheray, *A quoi pense la littérature ?*, PUF, 1990, pp. 53-65.

3. A. Glucksmann, *Dostoïevski à Manhattan*, Laffont, 2002.

La double vie de l'anti-Américain

Alors que l'époque ne s'y prêtait pas encore, les « philosophes » selon Queneau, en avance d'un demi-siècle, vivaient déjà à la guise postmoderne, selon le « parlons sexe », cher à Baudrillard, et le plus « commodément » possible, conformément au quiétisme recommandé par Sloterdijk, et mille autres. Sauf que ce « way of life » où Luna Park remplace Valmy, Alésia ou Iéna, parut alors plus américain qu'européen. Belle occasion de souligner qu'en opposant vision du monde à vision du monde, en défendant un mode de vie proprement continental, l'anti-Américain s'abuse et nous amuse : le souci du sexe, le plaisir de consommer, le culte du home sweet home, le cocooning, la vie privée au-dessus de tout, tous ces traits revendiqués comme distinctifs par les Européens « post » sont précisément les péchés reprochés il y a peu au mode de vie américain.

Le village de vacances que l'anti-Américain revendique ne déparerait pas la Floride. Et s'il y coule des jours heureux c'est, qu'il le veuille ou non, à la californienne. L'existence en Europe antiaméricaine équivaut à la vie quotidienne américaine moins la capacité partiellement réveillée le 11 septembre de se préoccuper et de s'inquiéter du monde extérieur. L'anti-Américain est un Américain aux oreilles et paupières closes. Voilà pourquoi une bonne partie des citoyens du Nouveau Monde antiaméricanisent eux aussi à l'européenne, tandis que bien des habitants de l'Ancien Monde s'y refusent.

Les Européens antiaméricains affichent leur différence avec une hypocrisie imperturbable. Ils consentent à « s'américaniser » en gros quitte à chipoter sur les détails. Afin de sauvegarder leur candeur, ils lancent, à grand tapage, des conflits-écrans. Pendant des décennies, jusqu'en 68, les détracteurs du Coca-Cola, de Levy-Strauss et du chewing-gum ont occupé le devant de la scène, tandis qu'en coulisse les générations mutaient, le style de vie des teenagers londoniens puis parisiens calquait celui de James Dean plus que celui de leurs pères et d'Hercule Poirot. Hier encore, le démantèlement, ou le saccage, de deux ou trois fast-foods passait pour ouvrir la lutte finale des Gaulois contre la malbouffe, l'uniformisation, la mondialisation et l'anticivilisation américaine, la mort quoi !

De telles montagnes d'exaltation accouchent immanquablement de souris. Pratiquement Mac Do représente 4 % de la restauration commerciale et les addicts du Big Mac ne rechignent pas devant le roquefort ou le coq au vin. Pendant que les combats d'arrière-garde occupent la galerie, l'« impérialisme » des pizzas, des restaurants hindous, japonais et chinois, autant que la restauration rapide (née dans la Rome antique) américaine, grecque ou turque internationalisent les multiples manières de se remplir la panse. La cuisine française s'adapte et les antipodes l'adoptent. Reste à deviner pourquoi même une aussi dérisoire, pacifique, sympathique levée des frontières culinaires s'accompagne d'une si homérique levée de boucliers.

Soyons clairs, les Américains ne vivent pas de manière uniforme et les Européens pas davantage. Entre habitants de la côte est, de la côte ouest, du Montana, de l'Iowa, du « sud » profond, entre « Blacks », « Chicanos »... les différences sont énormes. Pareillement entre un Finlandais, un Sicilien et un Tchèque. L'anti-Américain s'obstine à postuler que ce qui distingue les locataires des deux rives atlantiques est incommensurablement supérieur à ce qui distingue les Européens les uns des autres. Invérifiable à l'œil nu.

L'embarras intellectuel que soulève une aussi péremptoire affirmation dissimule mal l'embarras premier qui la motive. Séparant à tous prix les deux bords de l'Océan, l'anti-Américain lutte pour se forger une identité ; pris de vertige, il a peur de reconnaître sa grimace dans son homologue d'en face. Qu'il consomme, qu'il rêve de sexe, qu'il travaille ou parte en vacances, les aléas de la vie quotidienne ne le découplent guère de son alter ego obsédant. Donc il force la voix pour trancher dans le vif et forclore le « way of life » euro-atlantique.

L'ENRACINEMENT DES DÉRACINÉS

> « C'est millionnaire ou charogne. »
> Céline.

A première vue, les arguments coulent de source. Le mot d'ordre « Produisons, consommons français » a longtemps fait vibrer le parti communiste d'après-guerre, puis à gauche et à droite, les adversaires de l'intégration européenne. La même injonction, reprise à l'échelle du continent, vivre et penser « européen », mobilise contre une mondialisation au service de l'« hégémonie impérialiste ». Dans les deux cas, on table sur la défense d'un enracinement multi-séculaire contre une Amérique déracinée, vouée au déracinement des autres. « Tout ce que l'Europe ne supportait pas, tout ce qui en Europe ne supportait pas l'Europe et ne se supportait pas : puritains aux prises avec l'anglicanisme, catholiques persécutés par les protestants, protestants persécutés par les catholiques, juifs victimes de pogromes, mal-nourris ayant pris leur terre en horreur, asociaux et déclassés de toutes sortes, etc. Tout cela a donné naissance au peuple américain. Dès son origine, l'Amérique naît d'un refus de l'Europe, d'un désir de vengeance et de revanche sur l'Europe[1]. »

1. Deux penseurs d'extrême droite, Herte et Nigra, dans *Nouvelle Ecole* (1975), cités par Pierre Rigoulot, *L'Antiaméricanisme*, R. Laffont, pp. 57-58.

Ici, l'accusation est formulée avec la brutalité sans gêne de l'extrême droite, portée par une longue tradition. Ailleurs, on suggère, de façon plus civile, que l'inculture – indubitable, of course – d'outre-Atlantique menace d'acculturer le monde entier. De grands metteurs en scène et de sympathiques journalistes branchés se sont laissé emporter. On les vit qualifier tour à tour un parc Disney Land à Marne la Vallée de « Tchernobyl culturel » ou d'en comparer les installations, graphiques à l'appui, avec le cadastre du camp de Buchenwald. Paix à leurs trébuchements, ils se reconnaîtront. Les innombrables nostalgiques des racines ne font que ruminer les charmes d'une existence antédiluvienne.

Citons un témoin peu suspect d'américanisme délirant, le général de Gaulle en personne. Dans les dernières années de sa vie, il tourna la page des diatribes contre la destruction de la bonne race française (Barrès) ou européenne (Giraudoux) : « Dans le progrès général, un nuage est suspendu sur le sort des individus. A l'antique sérénité d'un peuple de paysans certains de tirer de la terre une existence médiocre mais assurée, a succédé chez les enfants du siècle la lourde angoisse des déracinés[1]. »

Qui l'eût cru ?, à la fin de sa vie, le Général s'avérait plus lucide que Camus qui, après Simone Weil, relançait à gauche le culte des racines et plus perspicace aussi que certains contestataires de Mai 68 qui prônèrent, dans leur désespoir d'une révolution impossible, le retour à la terre et à la simplicité supposée des mœurs d'antan.

Faute de faire joujou avec des racines déliquescentes, force est à l'anti-Américain de soigner son mal-être à coups de discours. A la question qui le taraude : Comment se distinguer ?, il ne saurait répondre par des discriminants concrets, crédibles, ancrés dans sa vie de tous les

1. De Gaulle, *Mémoires d'espoir*, Omnibus, Plon, p. 264.

jours. Les tee-shirts barrés de slogans agressifs et les harangues fleuries d'exclusives sans nuances affirment seuls une différence fantôme. Se flattant de vivre dans une époque post-idéologique, les anti-Américains barbotent à leur insu en pleine idéologie. Ils se « divertissent » au sens pascalien du terme. Sous couleur de délaisser un monde pourri pour un « autre monde » – entendez qui se promet « autre » –, ils se bornent à mettre sur orbite une âme ultra-européenne papillonnant autour de l'univers sans âme qu'ils dénigrent et dont ils vivent. L'idéologie c'est l'image inversée du monde existant (Marx), c'est fuir une condition humaine dont la finitude rebute (Pascal).

Le miroir carnivore

A gauche, à droite, on s'émeut d'un « empire » prétendu, juché sur son hyperpuissance, décrétant du haut de ses billets verts la pluie et le beau temps sur le reste du monde. Sommes-nous pour autant sortis des rivalités en miroir ? Aucunement. Pour l'anti-Américain, l'Américain est mesure de toutes choses. Hors lui rien ne pèse. Ni les crimes de Saddam Hussein. Ni les massacres de l'armée russe en Tchétchénie. L'Américain comme le Juif est objet de toutes les attentions, on ne le quitte pas des yeux.

Les Américains renvoient à l'irénique Européen, qui les diabolise, une image inversée de lui-même. Ils sont ce qu'il était naguère. Ils croient aux rapports de force, il a passé ce cap. Ils parlent du « mal » avec une incroyable naïveté, alors que lui, européen, il vit par-delà ; un tel fétiche, aussi rétrograde, n'épouvante que les enfants. Il se marre, sont-ils bêtas ! Ceux qui croient encore à la vérité et au mensonge, à la liberté et à la servitude, n'ont pas compris que toutes ces notions s'entremêlent, autrement complexes, autrement relatives ! Ils construisent quand il déconstruit.

La haine de l'Amérique est une haine de soi. Elle s'inquiète d'un semblable qui régresse dans le passé, elle s'horrifie d'un frère contrefait, elle s'angoisse de tomber nez à nez sur sa propre caricature. Miroir, ô mon horrible miroir, puissé-je ne pas me ressembler et m'abstraire, vêtu d'innocence, d'une histoire pleine de bruit et de fureur, où les primitifs d'outre-Atlantique s'obstinent à patauger encore.

Mille nuances polychromes agrémentent les subtilités de l'antiaméricanisme européen, une conviction commune les soude : les Américains de ce début de siècle sont « traumatisés ». 3 000 d'entre eux volatilisés en quelques minutes, et les voilà captifs d'une date qu'ils ne parviennent pas à réinsérer dans le cours ordinaire du temps, quelque part entre les chiffres des accidents de la route, les victimes de la canicule, les tremblements de terre et les famines africaines.

Pour relativiser les malheurs de Septembre, les Américains devraient emprunter à l'Europe officielle son art désinvolte et parfaitement gracieux de tordre le cou à des souvenirs autrement encombrants. Il suffit de se réunir tous sur un lieu de mémoire en un jour de mémoire, d'y célébrer la naissance d'une conscience mondiale qui promet « jamais plus » et, le traumatisme exorcisé, passer aux affaires courantes. Les Américains ne sont pas initiés aux mystères du travail de deuil et d'un devoir de mémoire qui s'évertue à suturer définitivement les blessures d'un passé fossilisé.

La propension des Américains à mobiliser contre un « mal » – totalitarisme puis terrorisme – constitue aux yeux de l'anti-Américain cultivé l'indice d'un indéniable retard mental. Que diantre ! En Europe, on est autrement malin, autrement averti ! Près d'un tiers des Allemands croient que la chute des Twin Towers fut fomenté par la CIA. Ils ont élu best-seller les « révélations » de von Bülow, ancien ministre socialiste, qui à l'instar de

Meyssan, best-seller en France, explique à coups d'enquêtes-fictions que les Etats-Unis se sont frappés eux-mêmes pour se rendre service.

Une théorie parente, ornée de nobles atours sociologiques, est professée par des universitaires qui n'ont pas oublié la vulgate marxiste de leurs professeurs ou de leur jeunesse. L'impérialisme, « stade suprême du capitalisme », aurait atteint son comble dans le « global » qui ne saurait manquer, cette fois est la bonne, de devenir son propre fossoyeur ! La même opinion, parée des plumes de la philosophie ou de la médecine, énonce savamment que le « système » produit ses propres virus et qu'ainsi Amerikkke se dévore elle-même, en proie à une crise immunitaire, ou morale, ou géopolitique, ou démographique mais toujours irrémissible, au gré des docteurs je-sais-tout qui se pressent à son chevet.

Peu importe le foisonnement des sophismes, des révélations sans preuves et des suppositions gratuites, puisque la conclusion tombe comme un couperet : le 11 septembre 2001 ne fut qu'un jeu de l'Amérique avec elle-même. Elle n'a pas subi l'assaut d'un mal extérieur. Elle est aux prises avec un monde qu'elle produit et reproduit. Si mal il y a, l'Amérique est ce mal.

Il n'existe pas de fumée sans feu. Tel est pris qui croyait prendre, l'arroseur est arrosé, la victime est le bourreau. Autant de scénarii convenus sur lesquels brode un antiaméricanisme qu'on aurait tort de réduire à ces bricolages bavards. Derrière eux se profile une « vision », non plus seulement de l'Amérique mais de la condition humaine, dont le fond théologique apparaît rarement à découvert.

Un cinéma théologique

On allègue souvent qu'un « fondamentalisme » et « l'esprit de croisade » ont déterminé la stratégie américaine. Par contre, on suppose que la critique de « l'obscurantisme » US est libre de tous présupposés religieux. Il n'en est rien[1]. A religieux, religieux et demi. Un article de *La Vanguardia* de Barcelone affirme, sous la plume de E. Juliana : « Les leçons que nous pouvons tirer de la tragédie irakienne [sont] que de l'autre côté de l'Atlantique, les gens ont une conception de Dieu très différente de la nôtre[2]. » Tiens ! Tiens ! Jusqu'alors j'avais cru qu'en Amérique les gens affichaient force conceptions différentes de Dieu, qu'ils multipliaient les Églises et les sectes, si bien que, dans ce capharnaüm, il était impossible d'en élire « une » qui les résume toutes. Réciproquement, sur nos rives, il semble malavisé d'identifier « une » et une seule conception – « la nôtre » – de Dieu, alors que le pape lui-même, peu suspect d'incrédulité, a plusieurs fois déploré que l'Européen vive « comme si Dieu n'existait pas ».

Mais foin des réalités ! Il est reproché ici aux Américains, ni plus ni moins, d'abandonner l'authentique christianisme et de professer « une idée qui refait en sens inverse le chemin de Paul de Tarse pour retomber sur l'irascible Jéhovah de l'Ancien Testament, qui avait fait égorger tous les premiers-nés d'Egypte pour que son peuple élu entre à nouveau dans l'histoire ». Mazette ! Les bûchers de l'Inquisition méritent d'être rallumés ! Les Anglo-Américains sont entrés dans Bagdad, ont massacré tel Moïse satanique, brandissant l'Ancien Testament, alors que saint Paul et l'Evangile de Jésus soutenaient le veto de la France.

Deux visions du monde. Deux conceptions de Dieu. Et

---

1. Comme le souligne Florence Taubmann dans *Irak, an 1*, éd. du Rocher, 2004, pp. 49 à 62.

2. « Le Dieu de vengeance de G.W. Bush », titre *Courrier International* qui traduit l'article (30 avril 2003). R. Lellouche en a le premier marqué l'énormité (Hayek Institute), Bruxelles le 2 septembre 2003.

l'auteur de se réclamer du catholicisme, dont il déplore la faiblesse actuelle. Mais là, il abuse. Pour mieux opposer le « camp de la paix » européen, le « nôtre », aux boutefeux de Jéhovah le vengeur, il creuse un abîme entre l'Ancien et le Nouveau et brise une concordance entre les deux testaments jamais récusée par Paul, Augustin, Luther et Calvin. La religion antiaméricaine, qui émerge ici et devient anti-Ancien Testament, porte un nom : le marcionisme. Ce fut à Rome vers 140 après J.-C. une hérésie prêchée par Marcion[1] : seul compte l'évangile du bon Dieu, l'Ancien Testament du dieu méchant doit être jeté aux orties.

Sous la querelle des dogmes, pointe une opposition davantage terre à terre. « Pourquoi dans l'Ancien Testament les gens mentent-ils effrontément et souvent en l'honneur de Dieu ? Pourquoi tuent-ils, trompent-ils dérobent-ils, dévorent-ils, se prostituent-ils (voir l'arbre généalogique de Jésus), doutent-ils, blasphèment-ils et jurent-ils tandis que tout cela n'existe pas dans le Nouveau Testament ? », s'interroge le pasteur Bonhoeffer (avant que les nazis n'aient sa peau). Sa réponse mérite d'être méditée. L'Ancien Testament, dit-il, se situe dans les réalités « avant-dernières », quotidiennes, terrestres, précédant les « paroles dernières », celles de la foi et de l'eschatologie. Et Bonhoeffer d'inviter à ne pas intervertir l'ordre : « Nous vivons dans les réalités avant-dernières et attendons la foi dans les dernières[2]. »

Tiens ! L'antiaméricanisme européen se croirait-il avec Marcion installé dans les vérités dernières, investi de l'omniscience divine ? Tandis que la triste Amérique piétinerait encore dans les réalités avant-dernières où la finitude et le mal existent, en nous comme hors de nous. Marcion est un citoyen de la fin des temps, aujourd'hui

1. Cf. A.V. Harnack, *Marcion* (1924), éd. du Cerf, Paris, 2003.
2. Cité par B. Lauret, préface de Harnack, *op. cit.*, p. 365.

d'autres se croient en fin de l'histoire. L'antiaméricanisme européen chevauchant de telles hauteurs historico-mondiales dédaigne les Américains qui traînent encore les deux pieds sur la terre et les mains dans le cambouis.

Si le tort des Américains, qu'on s'est complu à taxer de cagots et d'intégristes chrétiens, se résumait à ce prosaïsme en politique, il n'y aurait pas, normalement, pour les Européens de quoi fouetter un chat. Mais pour défiler par millions et conspuer d'une seule voix le locataire de la Maison-Blanche, il faut lui prêter un pouvoir de démiurge et le croire capable de décider de tout. Celui qu'on intronise régisseur de l'harmonie planétaire devient, *ipso facto*, responsable des ratés, des bévues ou des erreurs de mises en scène et se retrouve bientôt coupable, en bloc, des malheurs de l'univers.

Les manifestants ne s'attaquent pas au chef des armées qui commet, cela est prévisible, des fautes tactiques, voire stratégiques. Ni au chef d'Etat qui vise tantôt juste, tantôt à côté. Les imprécateurs ne s'assemblent si nombreux et si unanimes que parce qu'ils s'imaginent faire face au maître du Monde. Lequel, de toute évidence, n'est pas, ne peut pas être à la hauteur des tâches qu'on lui assigne. Nécessairement il bâcle son travail, il salope sa mission. L'anti-Américain, lui, ne doute pas : empire, impérialisme, unilatéralisme, hyperpuissance, tous ces vocables à géométrie invariable véhiculent l'assurance jamais remise en cause que le n° 1 de Washington gouverne la planète. Et puisque, à vue d'œil, tout est loin de tourner rond, il la gouverne mal ! Il n'y a pas de troisième voie : s'il n'est pas le bon Dieu, il devient le Démon.

À LA RENCONTRE DU CRÉATEUR

Le Monde de Bush, tel est le titre d'un documentaire français, guère aimable, parmi bien d'autres plus déplaisants, pour le président des Etats-Unis. Tout est dans le titre : le monde appartient à Bush. Il le pétrit et le façonne selon son bon plaisir. Et le résultat n'est pas encourageant. Plus brutal, le film de Michael Moore, *Farenheit 9/11*, assène que la guerre d'Irak est une « guerre pour rien », d'autant plus facilement qu'aucune information, aucune image ne permet au spectateur de se remémorer ou même d'imaginer ce que fut l'Irak avant l'invasion des GI's. Le jour du premier bombardement, les enfants jouaient au cerf-volant dans un pays paisible.

Trente années de charniers, de dictature sauvage, de tortures, de massacres de masse, de corruption, de prévarication, de servitudes passent à la trappe. Bush fabrique son « monde » et le crée *ex nihilo*. Le passé n'est qu'une feuille blanche, l'univers extérieur reste lointain, sauf quand l'Amérique y commet des dégâts. Une guerre pour le fun, un caprice du prince, méchant, vraiment méchant. Le match se joue à huis clos, Bush fait son cinéma et Moore le sien. Comme il revient à ce dernier de monter les rushes et de garder le final cut, devinez qui remporte la palme ?

Jadis, les militants du cinéma-vérité tentaient – ô combien difficilement – d'accrocher un bout de réel authentique. Aujourd'hui les festivaliers de Cannes militent et réduisent la réalité au cinéma. Comment Dieu a-t-il fabriqué le monde ? Il lui a suffi de projeter un film, de croire fortement aux images qui défilent, et l'écran se fit chair. « Dieu crée le monde, c'est-à-dire il veut un monde, pense un monde ; Dieu détermine, rien n'est là hors de lui à déterminer », confie Hegel qui s'y connaît. Michael Moore en tonitruant épigone ne fait pas du cinéma mais catéchise, il se donne le point de vue de Dieu, il crée à partir du rien, il tire son méchant du néant avant de l'y replonger.

L'anti-Américain est un mystique inversé. La toute-puissance que le dévot adore, lui la déteste. Mais tous deux partagent la croyance en une Toute-Puissance, les prières refoulées éclatent en sarcasmes. Le monde « de » Bush est un monde magique, il obéit au prestidigitateur qui le manipule, quitte à ce que chaque anti-Bush s'imagine tellement plus performant à la place du « cow-boy ». La fantaisie peut se donner libre cours puisque d'entrée de jeu la référence au monde réel est abolie – volatilisés les Irakiens disparus par millions, les Kurdes gazés, les langues et les oreilles coupées, les guerres d'agression. Du réel l'anti-Américain fait table rase.

Pas toute l'Europe, mais l'Europe antiaméricaine, creuse l'écart. Marcion distinguait entre le créateur de l'Ancien Testament et un « Dieu étranger », celui du pur amour révélé par Jésus. Plus tranchants encore certains gnostiques vivent le jugement dernier comme l'actualité du jour et vouent le monde qui nous entoure à l'emprise implacable d'un « mauvais démiurge ». Ils concluent fort logiquement à la nocivité de la nourriture carnée, du péché de chair, de la procréation, et communient, « altermondialistes » avant l'heure, dans l'attente d'un « autre monde », pur et parfait. « Le mauvais dieu est le dieu le plus utile qui fut jamais. Ne l'aurions-nous pas sous la main, où s'écoulerait notre bile ?... Nous savons donc à qui nous en prendre, qui vilipender : rien ne nous flatte et nous soutient autant que de pouvoir placer la source de notre indignité le plus loin de nous possible[1]. »

S'adoubant les uns les autres rebelles de première catégorie, les anti-Américains se dressent en chœur contre le « Système ». Tous en livrent des définitions multiples – la

1. Cioran, *Le Mauvais Démiurge* in *Œuvres*, Quarto Gallimard, p. 1171.

dictature du Capital, le règne métaphysique de la Technique, l'univers du péché, la déprime mondialisée – mais concluent pareillement à la nécessité d'écraser cette démiurgie maléfique vouée tout entière à la destruction et par là à l'autodestruction. Les modernes rejoignent les anciens, les vieux révolutionnaires serrent les jeunes écolos sur leur cœur. Car le Système qui lance une lutte à mort contre tout ce qui vit mène conjointement une lutte contre soi. Emporté qu'il est par son désir de dévastation, il creuse son propre tombeau.

D'où cette évidence : l'Amérikkke, fille chérie du Système, est la cause même du terrorisme qui la prend pour cible. Car, on le sait depuis le IIe siècle après J.-C., le mauvais dieu se dévore lui-même. Thèse confirmée par de beaux esprits, de Baudrillard à Derrida. Au goût du jour, on parle alors d'une « loi implacable, celle qui régit tout processus auto-immunitaire. Un processus auto-immunitaire c'est, on le sait, cet étrange comportement du vivant qui, de façon quasi suicidaire, s'emploie à détruire "lui-même" ses propres protections, à s'immuniser contre sa propre immunité[1] ». Et voilà pourquoi votre fille est muette ! Nul besoin d'enquêtes minutieuses, diligentées pendant deux ans par des représentants américains touchant les failles et les fautes des services de sécurité. Inutiles tout autant les enquêtes bidonnées sur des attentats qui n'eurent pas lieu, tout en donnant l'illusion qu'ils ont eu lieu.

Nous aurions dû savoir d'avance que les gratte-ciel tôt ou tard se suicident, que le Pentagone aussi s'autobombarde eu égard à la « loi implacable » qui régit « tout vivant ». Bien que barbouillée ici d'un vocabulaire à prétentions scientifiques (en vérité, les sciences n'énoncent

---

1. J. Derrida in *Le Concept du 11 septembre*, Galilée, 2003, p. 145 ; ainsi nos doctes réinventent le catoblépas cher à Flaubert : « Une fois pourtant, à force de me lécher les pieds, je me les suis dévorés sans m'en apercevoir. »

plus avec tant de frivolité de « lois implacables » touchant « tout »), la gnose ne renonce jamais à dogmatiser et à se parer des lauriers de l'infaillibilité.

Vade retro Satanas, non plus brandir le crucifix pour repousser le vampire, mais se recueillir devant l'icône d'un « virus de l'autodestruction » pour échapper à l'emprise du démon et certifier, science et philosophie à la rescousse, que l'Amérikkke finira par s'effondrer sur elle-même.

LA NOUVELLE IDÉOLOGIE FRANCO-ALLEMANDE

L'embarquement pour Cythère et Coucouville-les-Nuées est assuré par l'agence de voyages binationale. Entreprise sérieuse qui n'a pas attendu, on l'a vu, l'éphémère « camp de la paix » pour prétendre doubler l'Amérique sur ses deux ailes. Paris et Berlin, qui se propulsent au-delà des conflits, se flattent d'avoir en 1945 remporté la victoire, non pas dans une guerre, mais sur toutes les guerres. En retour, Paris et Berlin s'acceptent volontiers défaitistes, juin 1944 ne scelle pas la capitulation d'un totalitarisme mais l'enterrement des haches gauloises et germaniques ; juin 2004, dans une effusion grandiose, célèbre au-delà de l'événement, le renoncement définitif à la violence naguère horizon ultime des querelles internationales.

Misère stratégique de l'Europe ? Pourquoi pas, puisque les guerres ne produisent que des vaincus. Grandeur exemplaire de l'Europe ? Evidemment, puisque la paix ne produit que des vainqueurs. Comment le couple franco-allemand n'incarnerait-il pas l'avenir de la planète ?

Qu'une Europe ruinée comme jamais par la Deuxième Guerre mondiale aspire à se tenir hors jeu et nourrisse des sentiments de cordiale jalousie à l'égard de qui lui a tendu la main, n'explique pas les débordements d'agressivité qui très tôt ont agité son intelligentsia. La France devient, dès 1947, la tête pensante d'un antiaméricanisme virulent, nationaliste, révolutionnaire ou neutraliste. Pour mémoire, plus de 30 % des Français votent « communiste » et pas mal rêvent de voir les cosaques rouges abreuver leur chevaux aux fontaines, place de la Concorde. Le tableau des outrances antiaméricaines n'est pas un secret.

Les Américains furent déclarés coupables de tous les crimes et de toutes les souffrances de l'humanité, dans un total déni de réalité. Les Européens pourtant avaient « fait du XXe siècle le siècle le plus noir de l'histoire... Ce sont eux qui ont provoqué les deux cataclysmes d'une ampleur sans précédent que furent les deux guerres mondiales ; ce sont eux qui ont inventé et réalisé les deux régimes les plus criminels infligés à l'espèce humaine. Et ces sommets dans le mal et l'imbécillité, nous autres Européens les avons atteints en moins de trente ans[1]. » Les Européens voulaient s'oublier et mutèrent en donneurs de leçons.

Quel ressort caché pousse de grands poètes, de grands artistes, des écrivains et des savants, pas sots dans leurs spécialités, à jurer que les Américains usent systématiquement d'armes bactériologiques en Corée, à le démontrer « scientifiquement » maquettes de fusées en carton-pâte à l'appui ? Pourquoi gueulent-ils « Ridgway la peste ! », convaincus par leurs propres bobards, et conspuent-ils le général d'une armée qui vient de les sauver ? Pourquoi rompre aussi rapidement et radicalement avec les libérateurs ?

La fascination exercée par Staline et l'Union soviétique n'explique rien, car elle est elle-même à expliquer. Les intellectuels d'alors n'ignoraient pas l'existence d'un gigantesque univers concentrationnaire à l'Est, et pourtant la plupart choisirent de passer outre en focalisant

1. J.F. Revel, *L'Obsession anti-américaine*, Plon, p. 41.

leur regard et leur absence de réflexion sur l'ennemi « impérialiste ». Au nom d'une Révolution nébuleuse ou avec de Gaulle, au nom d'une nation lavée de tous soupçons de collaboration, ils se voulaient plus vainqueurs que les vainqueurs. Les Américains avaient gagné la guerre, aux papes de la pensée l'enthousiasme de gagner la paix !

La vulgate de gauche, alors dominante, annonçait une société transparente, l'abolition de l'exploitation de l'homme par l'homme, la disparition des aliénations, de l'humiliation et de l'oppression. Passant de la « Résistance » à la Révolution pour les uns, de la Résistance à la Reconstruction pour les autres, on réduisait l'ampleur de la victoire de 1945, où la part française était des plus modeste, en promettant mieux, beaucoup mieux, tellement mieux, un Plus énorme et définitif : la Révolution mondiale et la réconciliation de l'Humanité avec elle-même.

Devant tant de pompeuses majuscules, que la gauche européenne eut tôt fait d'emprunter aux engagements parisiens, les Américains n'étaient pas de taille. S'avisaient-ils de suggérer que Staline n'était pas un saint, ni son empire un paradis, les voilà KO ! A quelques millions de détenus près, les méfaits des uns équilibraient ceux des autres. L'avantage passait toujours à la gauche antiaméricaine : à l'est les victimes étaient sacrifiées à l'avenir radieux, à l'ouest elles étaient tuées au nom de rien, pour et par la barbarie capitaliste.

La théorie du mauvais démiurge version marxiste apurait les comptes : l'Amérique, stade suprême de l'Impérialisme, domine la planète et la détruit, la recherche de l'intérêt à tout prix génère une pourriture qui s'autodétruit. Ceux et celles qui entreprennent à leur tour de détruire ce temple du Capital sauvent le Monde et... l'Amérique. Et Staline ? Ou bien c'est Dieu, la colombe du Saint-Esprit et de la paix. Ou bien c'est un allié, peu reluisant certes, mais un allié quand même dans la lutte contre le grand Satan. Si, par exception, nous admettons qu'il est lui aussi une créature du diable, concluons qu'en frappant le système au cœur, à Wall Street, on atteindra Moscou par ricochet. L'anti-Américain, ayant mis les faits entre parenthèses, a réponse toujours. D'autant plus que, grand admirateur de Hegel, il lui emprunte son dialectique passe-passe, cette « ruse de la raison » qui sert à tout et en particulier à convertir le négatif en positif.

La gauche (et la droite) intellectuelle antiaméricaine se salissait les mains en travaillant avec Staline. Jean Genet préférait lui le scandale en affichant sa prédilection pour une lopette nazie. Qu'importe ! En prétendant tout casser, rebelles de salon, vous affirmez le néant et « dans ce mouvement d'affirmation vous dépassez le néant et vous vous retrouverez en train d'affirmer l'être[1] ». Poussez le tourniquet des « retournements dialectiques » et vous atteindrez le cocotier. En Amérikkke les meilleurs intentions accouchent toujours de catastrophes. En anti-Amérique, les plus mauvaises actions accouchent des plus grandes félicités.

La faute au système

Peu à peu, confronté malgré lui aux terrifiants pépins de l'actualité, le discours vainqueur dépérit. La vérité brutale et inhumaine du communisme a troué la cuirasse des fanatiques. Mais l'antiaméricanisme européen ne fut pas guéri. Une idéologie de la défaite, par une voie inverse, prit le relais et parvint aux mêmes conclusions. Cette fois l'Amérique se retrouve coupable d'avoir trop gagné. Gagné une première fois contre le nazisme, une

1. J.-P. Sartre, *Saint Genet, comédien et martyr*, Gallimard, 1952, p. 310.

seconde contre le communisme. A trop gagner on perd, et ce sont les défaits et les vaincus qui empochent la mise. Entendez : les vaincus authentiques, les défaits ontologiques et pas les militaires et les politiques auxquels Heidegger reproche non leurs crimes mais d'avoir combattu l'Amérique avec les armes de l'Amérique, trop occidentalisés déjà, négligeant « la vérité interne et la grandeur » du mouvement national-socialiste[1] (que le philosophe n'a, jusqu'à sa mort, jamais renié). De même que l'islamisme terroriste est aux yeux de l'anti-Américain d'aujourd'hui un pur produit de l'Impérialisme yankee, de même les crimes les plus noirs perpétrés entre 40 et 45 sont imputable au règne de la Technique – le Gestell – dont les Etats-Unis sont la puissance rectrice.

« L'agriculture est maintenant une industrie alimentaire motorisée, quant à son essence la même chose que la fabrication des cadavres dans les chambres à gaz et les camps d'extermination, la même chose que les blocus et la réduction de pays à la famine, la même chose que la fabrication de bombes à hydrogène[2]. »

Je n'ai pas résisté au plaisir ou au dégoût de vous ressortir cet aphorisme. Tout est dit en une phrase décisive. L'hyperpuissance de la Technique, dont l'Amérique est le fleuron prépondérant, produit les fléaux essentiels qui dévastent l'humanité. Contre ce péril absolu, une sainte alliance s'impose de l'extrême droite à l'extrême gauche, elle ratisse large et regroupe les écologistes adversaires de l'agriculture mécanisée, les nostalgiques d'un nazisme lavé des chambres à gaz (les responsables n'étaient pas des hommes, mais la Technique du Zyklon B...), les déçus du marxisme, les amoureux de Hölderlin ou des paysages

1. M. Heidegger, *Introduction à la métaphysique*, PUF, 1958, p. 213.
2. M. Heidegger, *Bremer und Freiburger Vorträge*, Klostermann, 1994, p. 27. La conférence date de 1949.

sans béton, les non-violents, les souverainistes, les anti-globaux, les altermondiaux, etc. Tous rebutés par la satanique démiurgie (américaine) décidant de leur destin au nom de la Technique avec les moyens infinis qu'elle confère.

Cet antiaméricanisme européen seconde manière ne chante plus victoire mais défaite. Il s'est guéri de l'illusion de battre l'Amérique sur son propre terrain en se promettant plus victorieux que les plus victorieux. Il a décroché.

Puisque le mauvais démiurge est voué à l'autodestruction, il suffit d'attendre. A l'occasion, sans cultiver l'illusion de révolutionner la planète dès demain, on détruit un champ de maïs expérimental, un Mac Do, on stoppe un chargement de déchets nucléaires et on perturbe les forums internationaux où flottent des traces signifiantes de l'omniprésence américaine. On se contente de donner un coup de pouce à l'autodestruction promise. Pour l'essentiel, la catastrophe est acquise, on ne dispute que du lieu et de l'heure – trou dans la couche d'ozone ? réchauffement ? explosion nucléaire ? empoisonnement transgénique ? épuisement des ressources énergétiques, famines, épidémies... Pour l'essentiel donc, l'anti-Américain abandonne aux grands de ce monde la gestion du désastre qu'il ne se lasse pas de prophétiser avec une jouissance (Schadenfreude) guère dissimulée.

L'Europe nihiliste

En apparence, les deux versions devraient entrer en collision. D'une part le progressisme jure de dépasser une fois pour toutes le bourbier capitaliste. D'autre part, une cure de défaitisme radical et d'inaction délibérée promet au vieux continent de retrouver une âme que le pragmatisme américain désespère. Etrangement, il n'y a pas contradiction. Les deux injonctions se complètent comme l'endroit et l'envers d'une même manière de rêver l'ordre du monde :

1/ soit la paix universelle résulte de la transformation « dialectique » façon Hegel ou Marx des maux en biens. Forte d'avoir touché l'abîme l'Europe, convertissant le négatif en positif, fait la leçon au monde en général et aux Etats-Unis en particulier. Elle leur enseigne, selon les modes, la Révolution finale ou le règne infaillible des lois. Le tout avec une identique arrogance, celle d'un progressisme qui se targue d'avoir inhumé à jamais ses erreurs et ses malheurs. L'esprit européen s'identifie, de la sorte, au créateur hégélien qui autoproduit et autogère ses créations, pour au terme d'une odyssée tumultueuse se reposer dans la sérénité post-historique d'un absolu réconcilié avec lui-même.

2/ soit l'Europe n'espère plus sortir de l'histoire par le haut, la tête dans les nuées des systèmes hégéliens et marxistes. Elle ne se vante pas moins d'en être sortie par la méditation de la « décomposition » (Cioran) qui élève les défaites historiques européennes à la hauteur d'une révélation sublime et ultime. Et derechef, de conspuer les Etats-Unis qui s'embarquent dans d'inutiles « engagements » pour le bon plaisir du « mauvais démiurge » qui les aveugle et les possède de l'intérieur.

Les stéréotypes pseudo-savants d'une auto-immunisation suicidaire ou le poster plus brutal d'un « cancer américain », expédiant ses métastases alentour, inverse la bonne autogestion hégélienne et explicite l'autogestion « américaine » du mal par le mal. L'optimisme hégélien imprègne la haute idée que l'Europe projette d'elle-même, tandis que son repoussoir, l'ignoble Amérique, manifeste la même dialectique historique peinte en noir, celle d'un absolu chaos qui dévore le monde et lui-même jusqu'au néant terminal. Hégélianisme constructeur et hégélianisme destructeur, l'un qui rit, l'autre qui pleure, loin de se contrer se complètent pour permettre à l'anti-Américain de théologiser discrètement sa haine.

Comment ne pas conclure qu'il est grand temps que les deux rives de l'Atlantique publient leur irrémédiable séparation. Abandonnant le mauvais démiurge à son dévergondage, l'esprit de l'Europe antiaméricaine n'a plus qu'à s'absorber en lui-même.

Ou le monde dépose les armes et se convertit à l'idéologie franco-allemande, ou il sombre dans la barbarie. Des conflits anachroniques, même s'ils sont gigantesques, peuvent bien menacer l'équilibre mondial, l'irénique Europe sait calme garder et se tient à l'écart. Elle ne prend pas parti, elle arbitre. Heidegger, avant la Deuxième Guerre mondiale, expliquait que l'Europe (Hitler compris) se trouvait prise dans un « étau » entre l'Amérique et l'Union soviétique, entre la dévastation de la technique et le primitivisme du fanatisme communiste, deux versions rivales d'un même destin de la métaphysique occidentale. Plus expéditif, Jean Cau, en pleine guerre froide, renvoyait pareillement dos à dos les hégémonies de Washington et de Moscou : nous, Européens, sommes coincés dans un « casse-noisettes à deux branches », l'une russe, l'autre américaine[1].

De nos jours, puisque feu l'Union des républiques socialistes soviétiques nous a lâchés, entre camp américain et terrorisme islamiste, notre « camp de la paix » propose derechef son service de courtage, intermédiaire et arbitre, plutôt que de choisir entre le pire et le moindre mal.

Par un étrange, mais intelligible renversement, l'« isolationisme » tant reproché jadis à une Amérique égoïstement calfeutrée dans son rêve, est devenu l'apanage d'une Europe qui en revanche déplore et condamne l'« inter-

1. Cf. Rigoulot, *op. cit.*, p. 162.

ventionisme » d'outre-Atlantique. Chacun chez soi professe le « camp de la paix » en brandissant le « principe de souveraineté », alpha et oméga de la fameuse « légitimité internationale ». Chacun chez soi, Il fallait prendre le temps et laisser Saddam Hussein massacrer en rond, maître de la vie et de la mort à l'intérieur des frontières de l'Irak. Chacun chez soi, ne troublons pas le règlement expéditif de la question tchétchène. Chacun chez soi, et Poutine à sa place. Et Pékin au Tibet, au pays des Ouïgours, etc. Chacun chez soi, les vaches sont bien gardées. L'Europe antiaméricaine montre l'exemple, elle promeut l'inaction en règle suprême et se retire dans ses appartements.

En bonne logique « multilatéraliste », elle espère que les autres l'imiteront, lui rendront la pareille et que nul, sans autorisation dûment paraphée, ne viendra mettre les pieds dans ce village européen coquet et prospère, que les trois quarts de la planète envient. L'anti-Américain, coq du village, s'isole par une ascèse mentale. Il se plaît à oublier son passé de rivalités et de conflits, il regarde ailleurs (« wegschauen », disent les Allemands), le nez en l'air, sifflotant, il jouit de sa paix. Avant moi, derrière moi, autour de moi le déluge. En moi, la paix.

En apparence l'anti-Américain se contente d'afficher ses hostilités sans contrepartie positive. Dans la rue, concours de pancartes insultantes. Dans les chancelleries, le dénigrement pur et simple de la stratégie du « ugly american » passe pour refléter la hauteur de vue du dénigreur, il n'a rien à ajouter. Dans les prétoires et les amphithéâtres, un sourire entendu couronne l'acharnement à déconstruire Bush, son enfance dorée, ses intérêts pétroliers, ses intempérances alcooliques et religieuses. Voilà qui élève une élite européenne, sobre et sensée, inutile de le préciser, loin au-dessus du mal-être américain. Ne soyons pas stupides ! Si l'Europe antiaméricaine s'exonère d'opposer programme à programme, projets d'avenir à projets d'avenir, il faut comprendre qu'elle n'a plus besoin d'arguments, parce qu'elle est à elle-même la preuve et l'argument ; elle juge indécent de disputer du présent et du futur, parce qu'elle détient le sésame qui ouvre toutes les portes ; la présence réelle et la Bonne Nouvelle, c'est elle.

N'allez pas croire que les vitupérateurs de scène et de salon soient dépourvus d'idéal. L'idéal, c'est eux. Ils démontrent quotidiennement au monde qu'on peut vivre comme si le monde n'existait pas. Ils refusent pour autant d'être taxés d'égoïsme, ils se donnent en exemple, l'Europe vit en paix, vivez en paix. Imitez-nous. Ils prêchent. Ils officient. Chaque banderole hostile a son verso positif, un miroir invisible où l'anti-Américain s'adule. Che Guevara ? L'homme de main des « services » soviétiques ne vaut qu'en poster. La dictature du prolétariat ne fait plus recette, seul compte l'icône du martyr, Che Guevara avec l'âme du Christ.

La profession de foi antiaméricaine tient en une thèse et son corollaire. Thèse : le mal n'existe pas. Corollaire : le seul mal c'est que les Américains croient au mal. L'Européen doit s'éprouver par-delà le mal, comme le Christ nihiliste imaginé par Nietzsche, toujours en avance de quelques fantasmes. La Bonne Nouvelle, que Nietzsche baptise « bouddhique » en prolongeant Schopenhauer et Tolstoï, prescrit « un nouveau mode de vie, et non une nouvelle croyance ». Entendons que la « pratique évangélique » nietzschéenne, c'est exister dans l'innocence des enfants, vivre ici et maintenant comme au ciel, à l'exemple du Christ qui, « avec une manière sublime de pousser l'hédonisme à l'extrême », monte sur la croix pour enseigner que la béatitude est immédiate. Même crucifié, Jésus ne souffre ni ne meurt, « toute idée de mort est absente de l'Evangile, la mort n'est pas un pont, un passage, elle est absente parce qu'elle appartient à un autre monde, celui des seules apparences[1] ».

L'Europe antiaméricaine étale en deux temps l'expérience sublime du Christ nihiliste. Elle s'est crucifiée en plusieurs guerres mondiales et, touchant le fond, elle a conquis la sérénité que généreusement elle enseigne désormais aux autres : « Le péché, comme tout sentiment de distance dans les relations entre l'homme et Dieu, est aboli[2]. » Entendons que vivre « bouddhiquement » par-delà le Bien et le Mal revient à vivre dans le Bien, puisque tout est bien quand le mal n'est pas. Fort de cette Bonne Nouvelle, le nihiliste « actif » se permet tout, alors que le nihiliste « passif » permet tout.

Le premier, dans le style de l'islamiste égorgeur, peut faire le mal sans souci puisque le mal n'existe pas et qu'il préserve ceux qu'il sacrifie de l'influence du Grand Satan. Une fatwa n'a-t-elle pas assuré les tueurs des Groupes islamistes armés d'Algérie que les bambins qu'ils découpaient échappent à une vie de douleur pour gagner le paradis en quatrième vitesse ?

Le second, dans le style du nihilisme européen de bonne compagnie, se désintéresse. Peu importe qu'autour de lui, meurtres et douleurs se multiplient, il démontre par sa seule existence qu'on s'en sort toujours à condition de ne se fâcher de rien et « de ne prendre pour réalités, pour "vérités", que les réalités intérieures[3] ».

Attentif aux signes annonciateurs de l'orage, inquiet de la fragilité de la paix dans l'entre-deux-guerres mondial, Joseph Roth, écrivain magnifique et lucide, fustigeait « la conception insensée de la « non-immixtion » dérivée du proverbe vulgaire et plébéien « Chacun balaie devant sa porte ». C'est véritablement une philosophie de concierge

1. F. Nietzsche, *L'Antéchrist*, Gallimard, Idées, p. 61.
2. *Ibid.*, p. 58.
3. *Ibid.*, p. 59.

qui domine le monde depuis quelques décennies. Peut-être chacun devrait-il balayer devant la porte d'autrui. On ne peut m'interdire d'entrer dans la maison de mon voisin s'il est en train d'abattre ses enfants à coups de hache. Il ne peut y avoir de morale européenne, chrétienne et européenne, tant que subsistera le principe de la « non-immixtion[1] ». Peine perdue ! L'avertissement prémonitoire négligé hier est ignoré aujourd'hui. L'antiaméricanisme s'est érigé gardien de nos sommeils.

Un célèbre philosophe du droit, pourtant tout à fait hostile à la guerre en Irak, remarque : « C'est une excellente idée de vouloir renforcer le pouvoir de l'ONU et de prendre toutes les mesures possibles pour que triomphe le règne de la loi à l'échelle internationale. Mais c'est une très mauvaise idée de prétendre que ces réalités (ONU forte, légalité internationale) existent déjà[2]. »

L'homme se conçoit ni ange ni bête, l'anti-Américain d'Europe, qui veut de toutes ses forces, depuis 1945, échapper à la condition humaine, pose à l'angélique pour vomir bestialement ceux qui démentent sa posture.

Une fois encore c'est de la haine de soi que jaillit la haine de l'autre. Nous exhibons une déplorable incapacité à nous accepter hommes purement hommes. Nous voulons être Dieu. Nous nous affolons de ne l'être pas et nous haïssons ceux qui, fût-ce à leur insu, nous obligent à déchanter. L'Américain existe, il a rencontré l'histoire, la boue, les larmes et le meurtre que l'idéologie franco-allemande cantonne dans le passé, exorcise dans le présent et ostracise pour l'avenir.

---

1. J. Roth, *Juifs en errance, suivi de l'Antéchrist*, Le Seuil, 1986, p. 110.
2. Michael Walzer, entretien d'avril 2003 dans *Imprints, A journal for analytic socialism*, Londres. Extraits dans la revue *Mouvements*, nov.-déc. 2003, p. 69 et sq.

5

Cherchez la femme !

« Il ne faut pas s'ébahir, disaient ces bons vieillards,
Dessus le mur Troyen, voyant passer Hélène,
Si pour telle beauté nous souffrons tant de peine :
Notre mal ne vaut pas un seul de ses regards.
Toutefois il vaut mieux, pour n'irriter point Mars,
La rendre à son époux afin qu'il la remmène,
Que de voir de tant de sang notre campagne pleine...
Pères, il ne fallait à qui la force tremble,
Par un mauvais conseil les jeunes retarder...
Ménélas fut bien sage, et Pâris, ce me semble,
L'un de la demander, l'autre de la garder. »

Ronsard.

La plus longue haine de l'histoire, plus millénaire encore et plus planétaire que celle du Juif, s'épanouit haine des femmes. Variant dans ses formes au gré des modes et des circonstances, en fonction des religions et des idéologies, elle intrigue par sa récurrence dans la succession des temps et la multiplicité des espaces. Sous l'apparence arbitraire des rejets que l'être féminin suscite, force est de repérer une constante anthropologique dont témoigne cette aversion sans cesse renouvelée, sans cesse ravivée, sans cesse recrachée.

Moins évidente et tonitruante que d'autres, la haine des femmes arbore de multiples masques, sa feinte suprême, c'est le trop d'amour. Visitez les librairies, parcourez les bibliothèques, recensez les catalogues, vous y trouverez tant et tant d'ouvrages doctes ou folichons consacrés à l'amour et si peu à la haine. Effarante disproportion, un pour mille ? Un pour dix mille ? Tout se passe comme si la haine n'était que l'envers de l'amour, sa dépression, son manque ou la somme psychologique de ses échecs, le miroir de son absence. Inutile de s'attarder sur ce fantôme blafard et sinistre, parlons d'amour ! Pareille négligence remonte à loin. De la lecture du *Banquet* de Platon, il faudra y revenir, les doctes de la Renaissance concluaient qu'aucun être ne peut en haïr un autre, puisque l'amour, « copule universelle », relie toutes les parties du monde[1]. On se plaît à ignorer que le malveillant habile sait se travestir en courant d'air et se draper d'inexistence.

Davantage perspicace, mais fabulant encore, on met en parallèle et l'Amour et la Haine, passions d'égale importance censées jamais n'interférer. Ainsi, Heidegger reconnaît en elles deux manières d'être fondamentales (Grundweisen) irriguant l'existence (Dasein) de part en part. « La haine ne se dissipe point après son explosion, elle ne fait que croître et se durcir, elle ronge et dévore notre essence. Mais cette constante inaccessibilité qui par la haine vient s'établir dans l'existence humaine ne la rend ni recluse ni aveugle, mais voyante et réfléchie. La colère fait perdre le sens. La haine intensifie la conscience et la réflexion dans celui qu'elle possède, jusqu'à la méchanceté la plus subtile. « La haine n'est jamais

1. Marsile Ficin, *Commentaire sur le* Banquet *de Platon* (1475), Les Belles Lettres, 1978, p.165.

aveugle, mais clairvoyante ; seule la colère est aveugle. L'amour n'est jamais aveugle, mais clairvoyant ; seul l'état énamouré est aveugle, fugitif et brusque, c'est un affect, non pas une passion. A celle-ci il appartient de s'étendre au-dehors pour saisir en s'ouvrant ; dans la haine également se produit cette façon de s'étendre, du fait qu'elle poursuit sans relâche et partout son objet[1]. »

En somme, comme deux trains qui suivent des voies parallèles, mais en sens inverse, haine et amour se croisent sans se toucher. D'un côté on aura le don, la sérénité, les clairières et les rencontres authentiques, sur quoi le philosophe poétise à loisir. De l'autre, l'inverse, clôture, fermeture, dévastations et soleils noirs, sur quoi le philosophe ne trouve rien à dire sauf à incriminer un destin auquel il ne participe pas. L'entre-deux est manqué, qui fait le sel de l'existence, l'épreuve de nos responsabilités et la vérité de la littérature.

Reste, troisième possibilité, à considérer la haine, telle qu'en elle-même elle se donne, non plus comme une démarque ou contre-marque de l'amour. Quitte à découvrir combien souvent, mais pas toujours, l'amour – Eros – s'investit au service d'une haine meurtrière et suicidaire. En auscultant l'énigme de la femme occidentale, condensateur des haines, les anciens touchaient au plus profond. Les femmes, tant d'amour les tue !

LOLITA CONTRE KHOMEYNI

1979, Téhéran. Porté au pouvoir par des manifestations monstres, où libéraux, révolutionnaires et religieux se confondent, l'ayatollah Khomeyni édicte tout de suite, dans l'urgence, le port obligatoire du tchador. Toutes les

1. M. Heidegger, *Nietzsche*, Gallimard, 1971, t. 1, p. 50 et p. 51.

Iraniennes doivent cacher leurs corps sous des voiles noirs. Toutes, jeunes et vieilles, les croyantes comme les incroyantes, de la tête aux pieds, sous peine de prison, de flagellation, de lapidation et autres bagatelles, mort comprise. Le Guide suprême, pressé d'institutionnaliser sa révolution islamique, entend fonder son nouveau régime sur du roc. Et ce roc, c'est le statut dévolu aux femmes. Le voile intégral doit pérenniser son pouvoir.

Des femmes de Téhéran ne s'y trompèrent pas. Loin de tenir l'édit pour anecdotique ou folklorique, elles descendirent dans la rue, rompirent avec l'unanimisme ambiant, et lancèrent la première manifestation anti-islamiste de l'histoire. Elles furent lâchées... par les hommes, tous, libéraux, révolutionnaires, religieux, croyants et incroyants. Certains versaient des larmes de crocodile et les rappelaient à la raison... Le destin « regrettable » promis aux filles d'Iran n'était que le dommage collatéral d'une libération autrement générale. Pourquoi tant d'histoires pour un morceau de tissu, quand l'avenir de la révolution antioccidentale est en jeu ? Les progressistes disaient « que nous avions d'autres chats à fouetter, qu'il fallait d'abord régler leur compte aux impérialistes et à leurs laquais. Que se focaliser sur les droits des femmes était une attitude individualiste et bourgeoise qui faisait leur jeu[1] ».

La stratégie khomeyniste s'avéra fructueuse. Et contagieuse. Le morceau de tissu que les « brigades de l'ordre moral » imposaient à Téhéran devint un étendard politique universel, un instrument de conquête, un uniforme digne de celui des SA, dit mon amie Khalida Messaoudi, féministe algérienne. Les intégristes, tant sunnites que chiites, s'étant emparés du message, persécutèrent, amputèrent, lapidèrent, égorgèrent les non-voilées récalci-

1. A. Nafisi, *Lire* Lolita *à Téhéran*, Plon, 2004, p. 135.

trantes. L'Ayatollah fit école à Alger, et la tentative de voiler les lycéennes couteau sur la gorge inaugura une série de massacres sans précédent, où les « renégats », enfants compris, eurent la gorge tranchée comme les moutons de l'Aïd. Le sort fait aux femmes préfigure le châtiment de toute une société.

> « Les femmes furent, sont et seront encore la cible des violences et des intimidations à venir, que ce soit de la part des régimes et des oppositions qui se réclament du passé. C'était le cas du Pakistan des années 80 et c'est toujours le cas de l'Iran aujourd'hui, c'est celui de l'Algérie des débuts 90 ; demain le même schéma peut se reproduire ailleurs. La raison est simple, les femmes sont les seules à revendiquer publiquement, pas seulement par la parole mais par les actes (se dévoiler et sortir) leur volonté de s'affirmer comme individu. Elles constituent, de nos jours, une des composantes les plus dynamiques de la société civile en devenir. Quoique jusqu'à présent elles soient restées politiquement inorganisées, elles ont réussi à infiltrer une des citadelles qui leur fut longtemps interdite : le savoir académique. Le savoir, avec certificat et diplôme à l'appui, est le nouvel acquis des femmes. (...) Si, en Iran, les imams surveillent de près les femmes, c'est parce que celles-ci constituaient 19 % du personnel enseignant des universités en 1986, alors que ce taux n'était pour cette même année que de 17 % en Allemagne fédérale.[1] »

En Afghanistan, les mâles se mirent à renchérir sur la prohibition du moindre bout de peau, la burka, voile intégral et grillagé sous lequel la femme étouffe et voit difficilement, se propagea et devint l'emblème de la dicta-

---

1. F. Mernissi, *La Peur-modernité*, Albin Michel, pp. 206-207.

ture des Talebs, ces étudiants en théologie qui manifestaient leur excellence ès religions par le sabre et le fouet. Dans les écoles européennes, dans les banlieues des métropoles, au cœur des zones en dérive, mais aussi dans les beaux quartiers, de toutes jeunes filles, de gré ou de force, se mettent à afficher le signe de ralliement d'un islam agressif et conquérant. Des garçons, des pères, surtout des frères s'évertuent à diviser la gent féminine en « putes » (entendez sans voile) et en « soumises » (voilées). Le traitement des « putes » passe par les insultes, les coups, les viols et les « tournantes ». A Ivry, France, Souab est brûlée vive.

« Jadis la loi coutumière ou la jurisprudence islamique apportaient leur sanction à des normes que respectait la grande majorité des musulmans. A présent, la proximité sexuelle liée aux nouveaux modes d'urbanisation et les bouleversements opérés par le changement social remettent en cause le respect inconditionnel des normes islamiques traditionnelles. Les jeunes sont, dans un mouvement contradictoire et conflictuel, fascinés par les relations (imaginaires ou réelles) avec l'autre sexe, mais en même temps minés par le remords de transgresser les normes islamiques[1]. »

La haine antioccidentale stigmatise la féminité. Le discours porte : la nudité, la sexualité, l'égalité des hommes et des femmes, sont autant de cadeaux empoisonnés dont l'Ouest, dans sa grande perversion, se sert pour chambouler les âmes et les corps qu'il colonise et asservit. Khomeiny a vu juste. Réveiller un antagonisme, qui depuis des millénaires divise l'humanité, ne relève pas d'un atavisme obscurantiste destiné à plus ou moins long terme aux poubelles de l'histoire. Il risque bien au contraire d'incendier le XXIe siècle pour mettre le feu au planisphère.

---

1. Khosrokhavar, *Les Nouveaux Martyrs d'Allah*, Champs, Flammarion, p. 152.

HÉLÈNE

> « Par une loi supérieure à celle qui, chez les peuples barbares, enferme véritablement la femme entre des murs de cèdre ou de porcelaine, le Poète (dont l'autorité en matière de vision n'est pas moindre que celle d'un prince absolu) dispose avec la pensée de toutes les dames terrestres[1]. »
>
> Mallarmé.

Les foudres de l'Ayatollah passèrent pour délire d'un cagot cacochyme dans les salons huppés et les discothèques de la planète. Les « lieux de perdition » dûment anathémisés furent interdits et si possible dynamités. La malédiction remonte à loin. Elle rôde dans les antichambres d'une histoire qui n'est pas musulmane. Si Dieu ne l'en avait gardé, l'Ayatollah aurait pu brandir dans une main le Coran et dans l'autre l'*Iliade*. A la lecture d'Homère, il eût trouvé d'autres arguments pour sa croisade sexiste.

La plus belle des femmes, Hélène l'infidèle, ne fut-elle pas la cause invoquée du premier choc des civilisations ? N'eût été son fanatisme rageur, et son absence total d'humour, Khomeyni aurait pu retourner l'Occident contre l'Occident en se réclamant des vieux Sages de Troie. Perdus dans leur contemplation, fascinés par les charmes d'Hélène, ils avaient conclu à l'urgence absolue de l'écarter, de ne plus la subir et de la renvoyer dans ses pénates. Trop de féminité affichée nuit. Ils pensaient, en la restituant à son premier mari, mettre fin à des années de tue-

1. Stéphane Mallarmé, *La Dernière Mode*, *Œuvres complètes*, t. 11, La Pléiade, p. 605.

ries. Moins prudent, plus tolérant, grand amateur de beauté, le roi Priam empêcha le retour à l'envoyeur. Et la chute de Troie s'ensuivit.

Priam raisonnait selon la tradition. L'ordre du monde était donné, établi de toute éternité, il ne pouvait dépendre des caprices d'une enjôleuse. C'est ainsi que Pâris son fils conserva son trophée : à la chasse comme à la guerre, un butin est un butin. « Hélène, dit Priam, n'est cause de rien, la providence divine est cause de tout. » Face à lui, les sages vieillards, tout en douceur et sans acrimonie, ouvrent un front du refus promis à un avenir millénaire. Quand ils décrètent que la reine de Sparte mérite l'expulsion, ils inaugurent un ostracisme planétaire qui prend pour cible la féminité grecque, et par là occidentale.

Sans attendre la révolution islamiste, ignorants du Coran, étrangers à Mahomet, les totalitarismes du siècle dernier ont tonné contre « l'américanisation » des mœurs, la dissolution du lien social, les perversions du sexe-roi incarnées par Hollywood et financées par Wall Street. Sus à la vamp ! Sus à la star ! La révolution nationale socialiste entame sa montée au pouvoir par une marche sur Berlin la débauchée. Les nazis mobilisent des provinces demeurées pures et vierges contre une capitale interlope, rendez-vous cosmopolite des vices et des maladies sexuellement transmissibles, ils en appellent à la santé originelle d'une « communauté », Gemeinschaft, germanique. Hitler a retrouvé les accents des soldats luthériens pillant la Rome flamboyante et renaissante.

La dictature bolchevique puis stalinienne n'est pas en reste, toute athée et cynique qu'elle soit, elle ne se prive pas de chanter à son tour l'homme nouveau, l'homme de marbre dans sa pureté, homme d'acier trempé d'intégrité, dressé contre la « dégénérescence impérialiste ». Les playmates de papier ne sauraient l'aguicher ! Chose vécue : pour passer sans problèmes les frontières de la Pologne de Jaruzelski, les camionneurs de Médecins du monde débitaient *Playboy* page par page et distribuaient les filles dénudées aux douaniers ; visa peu cher et très efficace.

Reprenant, a capella et sur un mode mineur, le refrain, les ligues de vertu, à droite, à gauche, fustigent la libération des mœurs et l'émancipation juridico-politique de la femme qui progressent de conserve. En France, la femme n'acquiert le droit de vote et l'égalité civique qu'après 1945. La belle Hélène, métamorphosée en star de Celluloïd, puis en adolescente révoltée, ni pute ni soumise, n'a cessé de faire frémir les autorités morales, fraternelles et spirituelles.

Le poète aveugle donna à la Grèce, puis à l'Occident, le Livre et les Dieux. Depuis, la civilisation occidentale ne cesse de s'interroger à travers l'image qu'elle propose de la « femme », cet objet de litige permanent désormais universel. Peu encline aux croisades partisanes, la sagesse antique distinguait trois camps, chacun divisé contre lui-même :

– **Les sociétés traditionnelles** vivent dans l'éternité, comme le roi Priam. Elles s'avèrent incapables de pressentir la menace que fait peser une image inédite de la « femme ». La question leur semble résolue d'avance par les us, les coutumes et les inébranlables règles de parenté. En Afghanistan, avant la guerre russe et l'intrusion islamiste, le port du voile était prescrit par la famille, le clan ou la tribu, il visait à « protéger » la sœur, l'épouse, la cousine, mais pas à enfermer la femme-en-général, dont la notion faisait défaut. Les femmes voilées, dévoilées, non voilées purent coexister des décennies durant.

« Le coup d'Etat soviétique (1978), puis l'invasion soviétique ont ravagé le pays, comme jamais au cours de son histoire. Emprisonnements, exécutions sommaires, destructions de villages, incendies de récoltes semblent avoir obéi à une stratégie de l'horreur qui ne tendait qu'à imposer une *pax sovietica* pareille à la paix des « cimetières », écrit Saïd Bohodine Majrouh, « dans l'exil la femme pashtoune se retrouve privée de toutes ses tâches et prérogatives. Confinée à l'aire de sa tente, elle est de plus en plus voilée par la pression accrue des préjugés religieux. Elle n'a plus ses champs à cultiver, plus la permission d'aller à visage découvert, plus la liberté de chanter et de danser au temps des mariages. Elle devient pareille à un poisson jeté hors de la rivière et qui expire, pareille à une plante arrachée qui sèche sous un soleil brûlant. Quant aux hommes, ils ne perçoivent pas la douleur des femmes... pourtant sans qu'ils le sachent ni le sentent, les femmes ont cessé de leur appartenir. »

Dix ans de guerre soviétique. Dans les ruines les docteurs de la foi s'installent mais sentent la terre se dérober sous leurs pieds. « Par surcroît de souffrance, par mutilation redoublée, elles [les femmes] réussissent une nouvelle fois à tromper leurs compagnons, à les déposséder de leurs biens, puisqu'elles ne sont plus que des êtres désertés[1]. » Elles, les femmes, doivent disparaître des regards. Les intraitables talibans légifèrent, alliant le sermon au couteau, et ne souffrent plus d'exception. Pourquoi ? La réponse, vous la trouvez dans Homère. C'est parce qu'ils sont séduits que les Vieillards de Troie décident le bannissement d'Hélène en toute célérité, non pas malgré, mais à cause de son insolente beauté, en vertu de cette aura qui la rend irrésistible à leurs yeux et aux yeux de tous.

Si le taliban diffère de ses aïeux par son intolérance absolue, s'il crée un ministère de la Vertu, s'il édicte de tout cacher de la femme en chaque femme, c'est qu'il imagine sous le voile, non plus une proche parente digne d'être protégée, mais une essence universelle, une « femme » sous la femme, une créature ensorceleuse et

1. S.B. Majrouh, *Le Suicide et le Chant*, Gallimard, 1994, pp. 71-72.

maléfique, dont les films de Bollywood, les posters de stars indiennes ou américaines aux sourires provocants et aux décolletés rebondis, les cassettes pornographiques, la télé et la rumeur lui suggèrent l'existence. Toujours le rire aux lèvres les jeunes filles dévoilées d'Alger appellent leurs congénères voilées « les 404 bâchées », la Peugeot étant – avant ? après ? la femme – la chose la plus convoitée. Le tchador ou la burka deviennent ardente et implacable obligation, quand le dévot s'interdit de voir ce qu'il a déjà vu. Dès lors c'est la moitié de l'humanité qu'il faut étouffer dans l'invisible, afin de protéger, non plus l'objet voilé, mais l'esprit voileur taraudé, obsédé, anéanti par ce qu'il ne cesse d'imaginer sous les voiles.

– **Les sociétés de transition,** en voie d'occidentalisation, découvrent, comme les vieillards troyens et les « petits affreux » pachtounes que l'ennemi est dans la place. Elles contestent l'ingénuité de Priam et des traditionalistes, qui s'illusionnent et se croient hors d'atteinte du venin féminin. Combien d'exemples historiques viennent corroborer le bien-fondé de ces appréhensions ! Ainsi Cortès a-t-il conquis l'immense Mexique à la tête d'une poignée de cavaliers grâce à la supériorité de son « système d'information ». Comment apprit-il si vite à connaître ses adversaires, à spéculer sur leurs habitudes, à deviner leurs blocages et à miser sur leurs divisions ? C'est une femme qui tendit aux Espagnols la clé de leur supériorité et devint leur complice. La Malencha, baptisée plus tard et plus cérémonieusement Doña Marina, fut offerte en cadeau de bienvenue aux conquistadores. Elle parlait aztèque et maya, puis s'empressa d'apprendre l'espagnol. Elle devint l'interprète et l'indispensable truchement entre les Indiens et les conquérants. « Il est vrai que la conquête du Mexique eût été impossible sans elle (ou quelqu'un d'autre jouant le même rôle)... Elle ne se soumet pas simplement à l'autre, elle adopte son idéologie et s'en sert pour mieux comprendre sa propre culture[1]... »

Homère lui s'amuse et se délecte à croquer le vertige et la panique de délicieux vieillards affriolés et angoissés par la présence d'Hélène, il aurait pu moquer, de la même façon, les tristes mollahs de tous poils et leur enseigner qu'ils ont beau dire, beau faire, il est déjà trop tard. La louve est dans la bergerie.

Tandis que les « gardiens de la révolution » purgent les facultés, imposent *manu militari* le voile et interdisent le chant « car la voix d'une femme comme ses cheveux est sexuellement provocante et doit être cachée », Azar Nafisi, jeune professeur de Téhéran, chassée de son poste, réunit à leur barbe, clandestinement, ses étudiantes pour commenter les grands textes de la littérature universelle. Et que découvrent-elles dans ces lectures apparemment hors de propos ? Que leur sort sous la tyrannie des combattants de la foi ressemble un peu à celui des Européennes de la Belle Epoque, femmes soumises à un despotisme inavoué et domestique, et beaucoup au sort des filles abusées, à ces papillons de jour ou de nuit épinglés encore vivants.

A travers le prisme de *Lolita*, roman de Nabokov dans lequel un homme d'un âge certain, pour posséder une gamine de douze ans, provoque la mort de sa mère et tient l'enfant captive, les jeunes étudiantes découvrent le reflet de leur soumission au pouvoir des mollahs. « Vivre dans la République islamique, c'est comme coucher avec un homme qui te dégoûte », dit Azar à son ami Bijan : « – Tu ne peux pas laisser cette phrase flotter comme ça dans l'air... – Eh bien voilà : si tu es obligé de coucher avec quelqu'un qui te déplaît, tu fais le vide dans ta tête, tu prétends que tu es quelqu'un d'autre, tu veux oublier

1. T. Todorov, *La Conquête de l'Amérique*, Le Seuil, 1982, p. 107.

ton corps, tu le hais. C'est ce que nous faisons ici. Nous prétendons tout le temps être ailleurs, nous rêvons, nous nous y préparons[1]. »

Cheminant avec Lolita, de son vrai nom « Dolores » (douleur), elles prennent conscience de leur servitude volontaire, de « cette intimité perverse de la victime et de son geôlier », elles découvrent la rébellion. Leur résistance à la castration sociale et mentale sape la stratégie du grand renfermement, qui à travers la femme, vise la société entière.

« Mes sœurs nouez vos voiles comme des ceintures.
Prenez des fusils et partez pour le champ de bataille. »
Chant de femme afghane.

– **Les sociétés de style occidental.** Une fois la victoire sur Troie acquise de haute lutte, Ménélas l'époux bafoué récupère sa part du butin, sa femme. Foi d'*Odyssée*, il file avec elle le parfait amour dans son royaume de Sparte, comme si de rien n'était. Le Grec se plie à la force fascinante qui monte de « la plus belle des femmes » et en use. Sans avoir besoin de l'exprimer clairement, Homère fait d'Hélène le véritable cheval de Troie. Son enlèvement a rassemblé les Achéens (futurs Grecs) pour la première fois, son invocation a permis de supporter une décennie de bains de sang, sa libération scelle leur triomphe. La gloire des Grecs et la gloire d'Hélène se confondent.

Périclès, dans une oraison fameuse, chante l'éloge des Athéniens, ces Grecs par excellence. Il glorifie leurs deux qualités suprêmes : l'amour du beau et l'amour de la sagesse[1]. Qu'y a-t-il de commun entre Hélène la belle et Ulysse le sage ? Tous deux sont les champions de la ruse et de la tromperie ; elle, l'adultère, qui a provoqué l'aven-

1. A. Nafisi, *op. cit.*
2. Thucydide, *La Guerre du Péloponnèse*, livre II, 40.

ture fondatrice de la Grèce, que lui sut terminer en convoquant non la force mais l'intelligence.

L'*Odyssée* souligne le rôle symétrique des deux personnages. Hélène, redevenue reine de Sparte, se vante à la cour d'avoir sauvé Ulysse. Le roi d'Ithaque, parti en repérage, s'était faufilé dans les murs de Troie. Elle seule parmi les Troyens l'a surpris, elle garda le silence et lui facilita la fuite. Sans la démentir, Ménélas se contente d'évoquer un épisode moins flatteur : une fois l'immense cheval de bois introduit dans les murailles de Troie, les chefs grecs planqués dans son ventre, Hélène ayant percé la supercherie, par rouerie autant que par peur elle avait invité un peu trop tôt les combattants à sortir et à se découvrir, et pris le risque de les livrer aux glaives troyens, mais plus rusé que la rusée, Ulysse déjoua le piège et retint ses compagnons. La belle Hélène est une arme double à double tranchant, il faut être le plus astucieux pour ne pas s'y blesser.

> « Ni la douce pitié, ni le pleur lamentable
> Ne t'ont baillé ton nom : ton nom grec vient d'ôter,
> de ravir, de tuer, de piller, d'emporter...
> Au pis je meurs pour ce beau nom fatal
> Qui mit toute l'Asie et l'Europe en pillage. »
>
> Ronsard.

Ce pouvoir d'arrachement, cette puissance de désintégration, les Grecs l'ont redouté autant qu'utilisé. Contre des adversaires surpris, il s'avère plus décisif que la force. A l'intérieur des cités, il présente un risque permanent de subversion. « Je suis une chienne », Hélène cède à une misogynie ordinaire, aucune culture n'y échappe. Pourtant les Grecs anciens, plus roués, tortueux, subtils, projettent la femme moins comme ennemie que comme défi[1].

1. B. Cassin, *Voir Hélène en toute femme*, collection les Empêcheurs de penser en rond, PUF, 2000.

Témoin, après Hélène, une deuxième figure mythique de la féminité.

Pandora

Son nom est à double entente : elle donne tout, et les peines et les plaisirs, mais aussi bien elle est offerte à l'humanité primitive par tous. Entendons par tous les dieux de l'Olympe, qui ont confectionné, en commun, cette splendide et dangereuse poupée. Pandora est un cadeau empoisonné remis aux mortels pour clore une série de rixes qui viennent à jamais séparer les hommes et les dieux. Cette histoire-là nous est racontée, après les temps d'Homère, par Hésiode.

Au commencement, était l'âge d'or. Un bonheur unique où l'Humanité et l'Olympe batifolaient ensemble. Le Titan Prométhée, s'instituant protecteur des mortels, défia Zeus, le chef des immortels. Au cours d'un fabuleux banquet, Prométhée confisque au Dieu des dieux les bonnes viandes du sacrifice, il ne lui laisse que les os à ronger et le fumet à humer. Puis, comble de provocation, il dérobe le feu, privilège céleste absolu, pour en doter le genre humain en marche vers son autonomie. Aux manigances du Titan, qui croit flouer Zeus, ce dernier répond par une feinte suprême. Il convoque tous les dieux, ses féaux, pour collaborer à l'invention d'une « femme ». Les voilà qui transforment une statue de glaise en un vivant paradoxal à la fois fléau et merveille, *penia* et *thauma*. Ceinture, parure en voile brodé et robe blanche offertes par Athéna, guirlande et diadème d'or ciselés par Héphaïstos, éclat, grâce, séduction versés par Aphrodite, Hermès aux semelles de vent place en prime dans la créature l'humeur volage et l'esprit du chien.

L'olympienne Barbie, l'irrésistible Pandora, descendue sur terre, affole les mortels par la vue et la voix, les charmes de son corps et sa rouerie affriolante. Le citoyen grec qui se veut honnête homme, plus précisément « bel et bon », « kalos kagatos », se retrouve enchaîné à une compagne incontrôlable, kalou kakou, textuellement un « beau mal ». Il ne peut plus s'en passer. Car Pandora n'est pas son ennemie absolue. Sa séduction est nécessaire, elle assure la survie de l'espèce et le plaisir de la reproduction.

Pandora indique l'instant capital, où le temps des hommes et le temps des dieux se séparent. Aux terrestres éphémères, la différence sexuelle et la mort. Aux célestes, les métamorphoses, les jeux et l'immortalité. Quand Aphrodite-Vénus couche avec Arès-Mars, son mari cocu Héphaïstos-Vulcain, étouffant de rage, tente de se venger, mais il n'est que ridicule et tout l'Olympe s'esclaffe de cette pantalonnade sans conséquence. Rien n'a d'importance au royaume des cieux. Par contre, quand Hésiode évoque l'indépassable tromperie toujours possible sur la terre, il s'angoisse. Le temps des hommes est rectiligne, il passe et ne revient jamais. C'est le temps de l'irréparable. Le temps des dieux est circulaire, rien n'y est perdu. C'est celui de l'éternel retour.

Pandora est donc en apparence une punition divine. Une catastrophe infligée à l'arrogante humanité, qui voulut s'identifier aux dieux et s'est trouvée bannie de l'âge d'or. L'analogie avec Adam et Eve expulsés de l'Eden saute aux yeux. Mais égare. Le mythe grec se veut plus originel que le péché originel. Il stipule que l'humanité se sépare des dieux et que l'homme se distingue de la femme dans le même temps, à l'origine des temps. C'est une seule et même chose que d'être homme et pas dieu, de se diviser en mâle et femelle, de ruser et de tromper, de se reproduire et d'être condamné à mourir. Ce n'est pas la pécheresse ou la sorcière qui en la femme inquiète, c'est l'existence dans son tout.

Encore une fois je vous prie de ne pas confondre. Malgré d'évidentes similitudes, Hésiode et la Bible nous dépeignent deux sorties de l'âge d'or. Deux sorties très différentes. Adam et Eve furent chassés du Paradis pour leur faute morale, mais Dieu les avait créés homme et femme bien auparavant. Au contraire, selon Hésiode, l'apparition de la différence homme-femme et la fin de l'ancienne parenté homme-dieu coïncident.

La punition de Zeus ne vise aucunement, après coup, un genre humain bisexué, il le crée en le rejetant. Aristophane répète le mythe sur le mode comique : à l'origine, un être circulaire vaquait à quatre pieds, quatre mains, deux sexes, imaginez une sorte d'œuf parfaitement autosuffisant. Si parfait qu'il devient ambitieux. Pour lui interdire d'escalader le ciel, le roi de l'Olympe le coupe en deux. Et depuis chaque moitié de l'œuf erre à la recherche de l'autre. Elle y passe son temps. Voilà comment les dieux n'eurent plus à craindre une rivalité escaladeuse et impie !

La partition du genre humain en homme et femme suit, mais ne précède pas, la tentation d'égaler les Olympiens. Cette castration primitive rend impossible, voire comique et délirante, la volonté d'être Dieu, volonté catastrophique, où les Grecs pointent une faute, non pas morale mais ontologique, une perte de soi, une forme exacerbée d'hybris. A la différence d'Eve, Pandora vient sanctionner un péché auquel elle n'a pas participé. Elle incarne la situation nouvelle des mortels soumis au lot des calamités, maladies, querelles, avidités qu'elle transporte dans sa fameuse « boîte » que nul n'aurait dû ouvrir. Elle n'est aucunement la cause du mal qu'elle dissémine.

Hésiode, qui n'apprécie guère Pandora, ne déduit pas pour autant qu'elle soit le mal absolu, et conseille même à qui veut vivre de faire avec. Les poètes et les penseurs de l'Antiquité décrivent le rapport homme-femme comme un champ de bataille, plutôt qu'un lieu de perdition. Une femme se présente comme un être des frontières. Elle rappelle à chacun ses limites. Tu peux te tromper, tu peux me tromper, je peux te tromper, nous sommes faillibles et mortels, les portes du ciel ne sont pas à notre portée. Plutarque, plus tardif, plus prosaïque qu'Hésiode et Aristophane réitère benoîtement la leçon : « Les femmes aiment leurs enfants et leurs maris. De même que la poésie, en ornant le discours des agréments du chant, de la mesure et du rythme, rend à la fois sa puissance éducative plus forte et son pouvoir de nuire plus irrésistible, ainsi la nature, en douant la femme du charme du regard, de la douceur persuasive de la voix et de l'attrait de la beauté corporelle, si elle fournit de grands moyens à celle qui est dissolue pour séduire ses amants et les entraîner à la volupté, en donne aussi à celle qui est sage pour gagner l'amitié et l'affection de son mari[1]. »

Eros tyran

L'icône grecque puis occidentale de la Femme a bouleversé le monde. L'impact sacrilège et la subversion de cette invention fabuleuse étaient vus et voulus. Lorsque Hérodote, le « père de l'Histoire », entend rompre avec les chimères mythologiques, il ridiculise d'emblée les contes de vols et de viols censés expliquer l'origine des guerres. Io, Europe, Médée, Hélène, les enlèvements se succèdent et se répondent. Qui a commencé ? Les Phéniciens selon les Perses, les Grecs selon les Phéniciens, les Orientaux selon les Athéniens, Hérodote se joue de l'embrouillamini et cite des remarques de bon sens qu'il attribue aux Perses : « Si enlever des femmes est le fait d'hommes injustes... vouloir en tirer vengeance est le fait d'hommes déraisonnables. » Les dix ans de massacres pour les beaux yeux d'une reine de Sparte dépassent son

1. Plutarque, *Dialogue sur l'Amour*, 769, cd.

entendement. Il se moque. Mais doit-on en conclure que le sage Hérodote pense, à l'instar de nos contemporains, que pareilles « histoires de nanas » relèvent d'une grotesque affabulation ? Non. Dès sa première « enquête », une chronique du royaume de Lydie, comme par hasard, la Femme reprend son rôle central.

Pourquoi la Lydie, pays dont le richissime roi Crésus provoqua l'apogée et la chute ? Cette contrée du Proche-Orient, située sur les rives de la mer Egée, fut le premier royaume « barbare », entendez non grec, à envahir et soumettre les libres cités grecques de Ionie. Pointez sur une carte actuelle la côte turque de la Méditerranée. Hérodote interroge à nouveaux frais l'énigme fondatrice du « clash des civilisations », ce match imaginaire Occident contre Orient qui fait couler tant d'encre. La Lydie est pays frontière. Ce qui s'y passe est décisif. Et cette fois, la cause du conflit n'est pas le rapt d'une femme, mais bien son adulation effrénée. « Cherchez la femme ! », l'injonction des détectives bourgeois va gouverner l'enquête.

Le roi de Lydie, Candaule, dernier d'une lignée mythique descendant d'Héraclès, fils de Zeus, est renversé par un simple soldat (selon Hérodote) ou un berger (selon Platon). A l'intersection du temps mythologique et du temps historique, on trouve évidemment une histoire de sexe. Candaule s'est mis en tête de prouver à son lieutenant Gygès qu'il est le plus heureux des hommes puisqu'il jouit de la plus belle des femmes. Pour le démontrer, il contraint son très réticent second à venir en secret contempler son épouse lorsqu'elle se déshabille et gagne sa couche nocturne. La reine s'aperçoit du manège, convoque Gygès et le somme de choisir : soit il tue Candaule, soit il sera tué. Assassin et usurpateur, Gygès s'empare du trône et de la belle. Le crime sera puni, cinq générations plus tard, quand Crésus, son descendant, repu de richesses et de conquêtes, voit s'abattre sur lui une cascade de malheurs et son royaume avalé par Cyrus, l'empereur des Perses (548 av. J.-C.).

« Chez les Lydiens comme aussi chez les autres barbares être vu nu est, même pour un homme, chose qui induit en grande honte. » La proposition impudique du roi a suscité une grande réticence. Pourquoi Candaule lève-t-il avec tant de désinvolture l'interdit ? Il aime son épouse et la « loue à l'excès ». Preuve pour un Grec qu'il est moins barbare que ses compatriotes : la beauté des corps mérite la louange publique. Les hommes grecs et les jeunes filles spartiates laissaient admirer leur plastique dénudée dans les gymnases et sur les stades. Candaule est un être double, un roi barbare à l'extérieur, un « Grec » amoureux du beau à l'intérieur.

La Lydie, tout entière à son image, se révèle paradigme d'une société en transition. Elle innove en matière d'économie monétaire (voir la colossale richesse de Crésus) et de stratégie, elle a déposé offrandes sur offrandes au sanctuaire de Delphes et surpasse les Grecs sur leur propre terrain. La mésaventure de Candaule bute avec délicatesse sur la duplicité féroce des talibans de nos jours qui fantasment à l'occidentale et prétendent gouverner selon la tradition. Ni barbare ni grec, le royaume de Lydie symbolise la première société « émergeante » de l'histoire. Elles sont légion aujourd'hui, mais on les tient trop paresseusement pour simplement post-traditionnelles ou déjà pré-modernes. Sans destin autonome. Hérodote analyse, avec une incomparable acuité, leur déchirure première.

Que manque-t-il aux Lydiens pour sortir de la « barbarie » et rejoindre les Grecs dans leur plénitude ? Ils savent aussi bien que les Hellènes, sinon mieux, s'enrichir, se battre, et sacrifier aux divinités du Péloponnèse ; ils ont tout appris de leurs maîtres ès modernités jusqu'à retourner les armes fraîchement acquises contre leurs professeurs. Une faille cependant : les Lydiens ambitionnent d'être grecs « à l'excès ». Ils veulent tout tout de suite, la plus femme des femmes, la plus prodigieuse des richesses, la plus puissante des armées, et la faveur suprême des dieux. Ils briguent la félicité parfaite ici et maintenant. Voilà qui taraude l'érotisme de Candaule : la femme parfaite et le parfait amour. Crésus plus tard renchérit : la parfaite fortune, l'impudique richesse moderne. Mais quand il tente de convaincre Solon, l'un des sept sages de la Grèce, qu'il est « l'homme le plus heureux du monde », l'Athénien lui répond que nul homme avant sa mort ne peut être salué du nom d'« heureux » encore moins de « plus heureux ». En vain Crésus insiste. L'avenir donna raison au sage.

Ni monarques à l'ancienne, ni leaders des nouvelles cités libres, les maîtres lydiens appartiennent peu ou prou à la grande famille des « tyrans », self-made-men qui s'emparent de tous les pouvoirs dans les sociétés de transition. Ces dictateurs sont d'ordinaire peu sympathiques. « Je ne me soucie pas d'avoir la fortune de Gygès, je ne suis pas envieux, je ne suis pas jaloux des travaux des dieux, je ne désire pas une grande tyrannie », décline Archiloque le poète.

Le tyran a rejeté les règles et les tabous anciens, mais ne se soumet pas encore aux normes de l'agora où tous les citoyens se reconnaissent égaux devant la loi. Le tyran fait la loi, il est la loi. Parfois sa toute-puissance ménage une transition douce vers la cité citoyenne. C'est l'exception, car le plus souvent, il tourne mal, lâchant la bride à sa cruauté, il sombre dans la folie et doit être renversé dans le sang. Le tyran, n'écoutant que son bon plaisir, est l'homme de toutes les transgressions, ni pudeur ni respect de l'autre ne sauraient le retenir. Tyrannie individuelle du désir et du plaisir sous la houlette d'Eros et tyrannie politique représentent un stade « phallique » de la vie collective, dirait-on en langage freudien.

Toute-puissance d'un côté, toute servitude de l'autre, l'équipée des voyeurs, Candaule et Gygès, illustre la dissymétrie de la situation. La reine, à la différence des beautés grecques qui s'affichent, est vue sans se donner à voir. Les deux lascars se rincent l'œil sans risquer le dialogue. La scène est tyrannique parce qu'elle est muette, la femme n'a pas droit au chapitre. Candidat à l'amour fou, mais plus tyran qu'aimant, Candaule consacre la haine des femmes en expulsant la sienne hors de l'humanité. Car c'est par la parole, dit Aristote, que tout être humain est humain et se distingue de l'animal. L'histoire ne s'arrête pas là et tel est pris qui croyait prendre, la reine nue, dépouillée de sa dignité, s'apercevant de l'outrage, renvoie le message à l'indécent expéditeur et tue le regard qui la tue.

Hérodote, rapportant l'aventure lydienne toute en poésie camaïeu, nous parle avec 2500 ans d'avance des mésaventures réveillées par les outrances de l'ayatollah Khomeyni. Lorsque les amarres du passé ont lâché et qu'un minimum de civilité semble encore hors d'atteinte, la haine de la femme fait rage dans nos sociétés en voie d'occidentalisation.

Le tyran régit le visible. Voyeur et m'as-tu-vu, il possède par le regard (Candaule) et s'impose aux regards (Admire ma réussite ! se vante Crésus à Solon). Il n'écoute pas (la reine révèle un corps sans voix). Il n'entend pas (les conseils de Solon restent lettres mortes). Le terrorisme du voile abonde paradoxalement dans le même sens, il ne prive pas la femme de son corps mais de la possibilité de parler (séduire ou non) avec son corps, il lui coupe la parole. Le tchador, la burka, tout voile islamiste fonctionne comme un bâillon toujours. Une pierre tombale souvent.

Le voileur s'arroge, sur la place publique, la parole publique. Dans son foyer il se garantit le dernier mot. Notre moderne fanatique rejoint la famille Molière des maris colériques, des pères abusifs, des tartufes, des vieillards libidineux qui étouffent les épouses, les filles et les servantes. Agitant des versets misogynes du Coran, Khomeyni et les siens s'assurent une place de choix dans l'universelle et transhistorique cabale des dévots et des machos.

> « Le Coran consacre de nombreuses pages au bas-ventre des hommes, à leur plaisir sexuel et au devoir des femmes d'assouvir le désir de leur mari. Le Coran aborde aussi le plaisir paradisiaque des hommes. Aux bons musulmans, et aux martyrs de l'islam, le Coran réserve des houris éternellement belles, éternellement jeunes, éternellement vierges, revirginisées après chaque coït. Pour les hommes, c'est la réalisation d'un fantasme, l'orgasme infini, inlassable, et la fin d'une hantise, l'éjaculation précoce. J'imagine que les hommes seront des supermâles, avec un pénis en acier, infatigable. Rien que du plaisir, de la jouissance, du bonheur. Je me demande si ce n'est pas grâce à ces sacrées promesses que les religieux croient à la sacralité du Coran. Quel homme ne rêve de ça ? Il suffit d'y croire[1]. »

Derrière Khomeyni sachons détecter Sade. En attendant les mignardises généreuses prodiguées dans les Eros Centers du Septième Ciel, force est d'imaginer quelque stimulation substitutive. A l'espérance soft et édénique, un ersatz hard propose ses soins palliatifs. Faute de paradis, les supermâles angoissés de tomber en panne misent sur l'enfer. « L'injustice fait bander », constate le divin Marquis en prescrivant supplices, tortures et exécutions à usage revigorant. Chaque massacre monnaie du plaisir. Pas moins roboratives, selon des ordonnances de Sacher Masoch, sont les violences exercées contre soi, par autoflagellation ou par

1. Chahdortt Djavann, *Bas les voiles !*, Gallimard, p. 20.

le truchement d'une âme charitable et despotique. Chaque groupuscule promeut une servitude bonne à jouir. Mortifiez votre prochain comme vous-mêmes ! Les effets aphrodisiaques des rituels sadomasos n'ont pas échappé aux mystiques des linceuls-camisoles. A la toute-puissance théologico-politique – César et Dieu confondus – vient s'adjoindre la promesse théologico-sexuelle d'une éternité d'érection dévolue au fanatisme viril.

Outre le Coran, l'humanité regorge d'autres textes – prétextes pour légitimer, avec prétention et pédantisme, la subordination des femmes. La « science » d'Aristote n'affirma-t-elle pas, en substance, que le mâle se clone à travers la femme ? A lui le design, il lègue au rejeton « la forme ». A elle la « matière », elle joue la mère porteuse, sans plus. Les fantasmes que réveillent les perspectives de procréation scientifique prouvent à l'envi combien le projet d'imposer une féminité zéro mobilise avec ou sans Coran l'imaginaire tyrannique[1].

Voile ou pas voile, la femme doit s'accomplir enterrée vivante. L'obligation du tchador et de la burka reste dans le droit-fil du décret de Créon : puisque sa nièce, Antigone, le défie publiquement, elle sera enfermée vivante dans un tombeau jusqu'à ce que mort s'ensuive. Nul n'entendra plus ses cris et ses protestations. Créon invente le voile en dur.

---

1. Si l'amour (éros) est en dernière instance désir (individuel) de se reproduire, désir de s'auto-éterniser comme le veut Diotime dans le *Banquet*, le modèle du clonage végétatif s'impose : le mâle pose sa graine dans la compagne porteuse. Cf. V. Songe-Moller, *Philosphy without women*, Continuum, Londres, 2002, p. 108.

Antigone

> « A son arrivée tout était déjà joué. Le tumulte avait pris fin. La foule se désunissait lentement. A l'écart quelques dignitaires religieux arboraient des barbes lugubres. Les turbans et leurs tuniques noires les enveloppaient d'une aura plus funèbre encore que de coutume.
>
> « Le voyageur parvint au centre de la place.
>
> « A demi ensevelis sous un monticule de pierres, gisaient une jeune femme et un jeune homme, couverts de boue et de sang. »
>
> Sayd Bahodine Majrouh.

Créon ne cesse de rompre ses lances contre les ailes du moulin à vent qui tourne dans sa tête. Thèbes, la ville dont il est roi, vient de remporter la victoire. Il devrait s'adonner aux délices du triomphe, mais le voilà, misérable, aux prises avec l'angoisse.

« Jamais à aucun prix n'avoir le dessous devant une femme. »

Aucune bataille, aucun ennemi, aucune défaite ne saurait l'abattre davantage que la menace émanant du sexe qu'on dit faible.

« Car il vaut mieux, si jamais il le faut, tomber du fait d'un homme / Plutôt que de passer pour moins fort qu'une femme[1]. »

Quel est donc ce formidable défi que lui lance Antigone ? Relève-t-il, comme le suggère la vulgate hégé-

1. Traduction de Bollack, éditions de Minuit.

lienne, d'un archaïsme familial opposé à la moderne raison d'Etat. Est-ce une inébranlable piété religieuse qui la dresse contre les transgressions impies de la puissance politique ? Tradition contre modernité ? Religion contre politique ? Ces interprétations trop rétrospectives fleurent le XIXe siècle. Plus khomeyniste qu'hégélien, Créon subodore une subversion absolue, Antigone, force dévastatrice, lui semble prête à plonger la cité dans le délire et la livrer aux Bacchantes ivres de Dionysos. Le chœur rappelle :

> « Eros invaincu au combat
> Et tu détournes encore l'esprit
> Des justes vers l'injustice, pour leur perte
> Tu as fait encore le désordre. »

On a compris. Aux yeux terrorisés du roi, Antigone n'est que copie conforme d'Hélène et Pandora, une femme maléfique, enchanteresse et porteuse de poisse. Misogynie banale ? Il est temps d'examiner les choses de plus près.

La femme grecque, et bientôt la femme de l'Occident tout entier, varie à l'infini. Antigone n'est pas Clytemnestre, l'épouse meurtrière, elle n'est pas davantage la sœur d'icelle, Helène l'infidèle. Créon manifeste sa paranoïa tyrannique à les identifier. Elles ne forment pas le bloc uni de subversion contre lequel il fulmine. Elles diffèrent entre elles. Elles ne se ressemblent pas. Il n'existe pas d'essence de la femme présente en toutes les femmes, inchangée en chacune. Pareil fantasme est délire de tyran.

Doit-on déduire, comme Simone de Beauvoir dans sa période existentialiste, que la femme n'est pas, mais se fait ? En partie oui puisque les vices sont mâles et femelles, puisque Clytemnestre se hisse à une tyrannie par principe masculine, puisque son amant Egyste joue les hommes au foyer, en digne pendant d'Ismène la sœur soumise d'Antigone hostile à toute rébellion.

En vérité non ! S'il n'existe pas d'essence éternelle de la « femme », il y a en revanche une position féminine spécifique. L'égalité entre les femmes et les hommes touchant leur aptitude au bien comme au mal n'autorise pas qu'on les identifie. Sauf à tourner comiquement la chose : quand les femmes prennent la place des hommes, et les hommes celle des femmes, les spectateurs s'esclaffent.

Nous sommes là au cœur des comédies d'Aristophane, qui loin d'être ennemi des femmes moque les travers du pouvoir masculin que ses concitoyennes d'Athènes singent et ridiculisent. Si la fixette sur une essence de la femme s'avère un préjugé mâle, la différence des sexes demeure indépassable, le combat d'Antigone contre Créon en manifeste l'irréductibilité.

Antigone rappelle le roi à l'ordre. Là-dessus tous les exégètes tombent d'accord. Mais dès qu'ils entreprennent de préciser de quel ordre il s'agit, deux millénaires de commentaires contradictoires patinent. Une très classique bévue consiste à partager le préjugé de Créon, fût-ce en le retournant contre lui, et à interpréter le courage de l'héroïne en présupposant qu'elle oppose à l'ordre tyrannique un autre ordre symétrique. La jeune fille n'est pas une sainte, son inflexibilité manque de charité et de tendresse pour ses prochains. Ce n'est pas non plus une forcenée, sa froideur déraisonnable mais rationnelle interdit qu'on la rejette chez les dévots de Dionysos.

En digne et très consciente fille et sœur d'Œdipe, fruit d'un inceste que Créon ne manque jamais de lui rappeler, frappée d'une infortune ineffaçable, elle n'incarne, pour la cité et pour elle, aucun idéal positif. Elle se borne, fille du négatif, à poser les limites de l'inacceptable. Elle avertit du danger des transgressions en cours. Comme Cassandre et Tirésias, les prophètes de malheur, elle annonce que pire peut encore survenir. C'est une porteuse de mauvaises nouvelles. Une sentinelle du néant, pas une bergère de l'être.

« Je ne suis pas faite pour vivre avec ta haine, mais pour être avec ce que j'aime[1]. » Dans cette déclaration, si célèbre et si glosée, par laquelle Antigone définit sa mission et où se manifeste le destin féminin, on s'est plu à déceler un avant-goût de charité chrétienne. « Aime et fais ce que veux », dit saint Augustin. C'est négliger l'ordonnance décisive du propos d'Antigone : le refus de la haine précède le recours à l'amour.

En matière d'exclusion et d'agression la fille-sœur d'Œdipe a bu la coupe jusqu'à la lie. Héritière du mal, maudite dès le berceau, « mieux eut valu ne pas être née », la persécution de Créon ne fait que la pousser dans une tombe déjà béante, sa lutte pour la vie suppose une révolte permanente contre l'injustice constante. La fin de la phrase semble contredire son début, sauf que l'amour dont elle se réclame c'est « philein » non « éros ».

Au-delà d'une cuistrerie d'apparence, la distinction reste fondamentale, le français « amour » est imprécis, le grec met les point sur les i. Eros, et ses dérivés, incline à désigner une pulsion proche de l'ivresse et du délire fusionnel. « Philein » en revanche relève des règles d'alliance et des rites de l'hospitalité. L'alliance est réciproque, elle noue deux ennemis sur le champ de bataille lorsqu'ils s'entendent sur un cessez-le-feu provisoire ou permanent ; elle défend l'étranger par définition sans droits, lorsque le citoyen lui accorde, à charge de revanche, sa protection ; au cœur du foyer, elle surmonte les tensions entre parents et enfants, entre l'époux et l'épouse[2]. L'amour-philein ne supprime ni n'occulte l'hostilité toujours latente, il lui superpose des normes de droit

1. Voir trad. de Bollack v. 524.

2. E. Benveniste, *Le Vocabulaire des institutions indo-européennes*, éditions de Minuit, t. 1, pp. 335-353.

et d'amitié déterminant une coexistence d'autant plus précieuse que fragile. Rien à voir avec une soudaine conversion du règne de la mort au règne de la tendresse éternelle. Rien non plus qui recoupe l'opposition entre les passions sauvages de l'éros païen et les fusions miraculeuses introduites par l'agape chrétienne, telle que certains apologètes la construisent[1]. En se proclamant d'abord rebelle à la haine et ensuite vouée au « philein », Antigone garde sa cohérence.

LA FORCE DES FEMMES

> « Zeus, entends-nous. Eloigne la démesure mâle...
> « Propice à la cause des femmes, renouvelle la légende de ta bonté. »
>
> Eschyle.

La femme de la tragédie grecque est capable de tout. A la fois bienfaisante fée et épouvantable sorcière. Vamp et bonne sœur. Pousse-au-crime, belliqueuse hystérique, ange de la paix, gardienne des bonnes mœurs, mère elle envoie ses fils au casse-pipe ou mère elle se sacrifie pour eux. On la dit ni intrinsèquement bonne, ni définitivement méchante, elle est « ambiguë ». C'est très peu dire. Cette ambivalence ou cette duplicité supposée propre de la femme doit être attribuée à l'ensemble des humains, tous sexes confondus. Force serait alors de conclure que « la femme » n'existe pas. La formule est proposée par le psychanalyste Jacques Lacan.

Face à la haine de Créon, Antigone s'institue gardienne de la civilité. Elle demeure l'ennemie résolue de la des-

1. A. Nygren, *Eros et Agape*, Aubier, 1944.

truction pour la destruction que pratique inconsciemment le roi. Elle se réclame de l'alliance-philein pour proposer à son ennemi la fin de leur hostilité, comme deux combattants s'accorderaient l'immunité et la grâce sur le champ de la bataille. Le tyran rejette la proposition ; si tu veux aimer, lui dit-il, « file aimer chez les morts ! ». Il n'est pire sourd que celui qui ne veut entendre. L'alliance-philein que lui offre Antigone et qu'il repousse est un pacte entre vivants, le seul capable de les aider à survivre.

« Pour m'cnchaîner il se charge de chaînes.
« Mais s'il m'aime vraiment les liens ne seront pas serrés. »
Chant de femme afghane.

Antigone ne se bat pas pour conquérir le pouvoir. Elle lutte pour imposer d'infranchissables limites à une volonté de toute-puissance. Vigile de l'abîme, elle invoque des réalités existentielles sur lesquelles tout pouvoir, fût-il absolu, est dépourvu de prises. Ainsi, l'égalité devant la mort est-elle ici symbolisée par le droit de chacun, ami, ennemi, à une sépulture digne. En se réclamant des « lois non écrites », Antigone n'oppose pas un sacré céleste à un profane terrestre, elle limite le profane politique par un profane encore plus universellement profane. Celui d'une condition anthropologique qui produit un homme faillible et mortel. Tandis que Créon se prend pour un Dieu, omnipotent et omniscient, la jeune fille s'ancre dans sa finitude. Elle porte à son acmé une option réservée aux exclus du jeu politique, ils transforment leurs faiblesses en force, quand, en position de suppliants, ils interpellent les pouvoirs démocratiques ou despotiques.

L'exemple type d'une stratégie féminine d'autodéfense est proposé dans une tragédie d'Eschyle, *Les Suppliantes*. Deux frères, à légitimité égale, se disputent le trône d'Egypte. L'un, Danaos, est père de 50 filles. L'autre, Egyptos, père de 50 garçons qu'il veut de gré ou de force marier aux 50 cousines. Danaos et ses filles refusent, traversent les mers et implorent l'hospitalité et la protection du roi d'Argos. Danaos, flanqué de ses Danaïdes, invoque la tradition et le secours que tout puissant doit au suppliant démuni. Le pieux roi d'Argos hésite entre la guerre contre Egyptos et le châtiment divin que les imprécations des suppliants bafoués risquent d'appeler sur sa tête. Il choisit le moindre mal et protège les suppliantes. Fin de la pièce.

La supplication n'oppose pas la force à la force, elle tire sa force de sa faiblesse même ; elle rappelle que la fortune est fugace, que la chance peut se dérober sous les pieds du puissant et que, du jour au lendemain, il peut se retrouver démuni, en position de suppliant. Nul n'est à l'abri.

Arguant d'une vulnérabilité universelle et du partage des catastrophes, les Suppliantes chantent une faiblesse féminine plus vraie que l'éphémère supériorité masculine. La condition des femmes témoigne pour la condition humaine.

LA SOLIDARITÉ DES ÉBRANLÉS

Il y a un siècle, lorsque les intellectuels « engagés » ne se sentaient pas déshonorés de chercher leur inspiration dans une culture classique qu'ils avaient l'avantage de connaître, le très perspicace Péguy décela dans la supplication antique le sésame ignoré des démocraties anciennes et modernes. Il invitait ses contemporains à ne pas mélanger « supplication » et « opération d'aplatissement ». La supplication n'est pas la reddition du faible devant le fort. Le suppliant, au contraire, mobilise ce que soixante-dix ans après Péguy, Václav Havel et les dissidents de l'Empire soviétique nomment « le pouvoir des sans pouvoirs ». Il y a un quart de siècle, quand les maîtres du

Kremlin affichaient un souverain mépris pour les droits de l'homme et pas mal de férocité pour ceux qui s'en réclamaient, je fis lire à mes amis antisoviétiques de l'Europe enchaînée un article daté de 1905 : ils furent stupéfaits, éblouis par l'acuité prémonitoire et l'actualité du propos[1].

Un événement, deux interprétations. Le 22 janvier 1905, ouvriers et petites gens de Saint-Pétersbourg sont réunis devant le palais du tzar, sous la houlette du pope Gapone. Il présente une digne et modeste pétition, « On ne reconnaît pas en nous des hommes, on nous traite comme des esclaves ». Nicolas II ordonne à la troupe de tirer. Les morts sont nombreux. Paris reçoit la nouvelle et la recadre à la française : la révolution de 1789 recommence aux portes de l'Asie. Péguy, isolé, tente un autre parallèle : « Le mouvement de soulèvement russe actuel est un mouvement de supplication. »

La révolution est une lutte pour s'emparer du pouvoir, un duel entre rivaux, deux camps, deux classes, un objectif, une guerre à somme nulle où l'un gagne ce que l'autre perd.

La supplication ne vise pas la prise du pouvoir, le suppliant ne brigue pas la place de celui qu'il supplie. Il ne brandit pas les armes, ni la menace des armes, il met au jour une menace qui vise l'un et l'autre. Sentinelle du néant de nouveau, il propose un jeu de survie, où le gouverné comme le gouvernant sauvent en commun l'avenir.

La lutte des classes menée « jusqu'au bout » (Lénine) introduit, souvent à l'insu des révolutionnaires, aux totalitarismes. Le XXe siècle en témoigne.

La subversion « suppliante » a guidé les mouvements de dissidence et les révolutions « de velours » qui mettent fin aux dictatures totales. Elle en appelle à la « Solidarité

---

1. C. Péguy, *Les Suppliants parallèles* (paru en 1905, dans les *Cahiers de la quinzaine*), *Œuvres en prose*, La Pléiade, t. 1, p. 869 et sq.

des ébranlés », célébrée par le philosophe Patocka, inspirateur de la résistance anticommuniste tchèque.

« Dans Homère, dans les tragiques, le suppliant... n'est point un demandeur ; il n'est point un homme qui s'abaisse, qui s'humilie, même chrétiennement ; à peine ai-je besoin de dire qu'il n'est point un moderne qui s'aplatit... Relisez-les attentivement : ce n'est pas le supplié, c'est le suppliant au contraire qui tient le haut de la situation... Le supplié est un homme qui paraît avoir une belle situation... C'est un roi, c'est un tyran, c'est quelque chef. Dans ce dialogue du suppliant et du supplié, qui fait toute la supplication antique, c'est le suppliant quel qu'il soit, qui que ce soit, que ce soit le mendiant errant au long des routes, que ce soit l'aveugle misérable, que ce soit le proscrit, l'exterminé, le citoyen chassé de la cité, coupable ou non coupable, l'enfant chassé de la famille, coupable ou non coupable, ceci dans l'ordre politique et, dans l'ordre de la paix, ou, dans l'ordre de la guerre, le prisonnier, le vaincu, le vieillard impotent, que ce soit l'orphelin ou au contraire le contre-orphelin, le vieillard dépouillé de sa descendance, toujours c'est le suppliant qui en réalité tient le dessus, qui tient le haut du dialogue, le haut de la situation[1]. »

Ne crie pas victoire. Ne t'imagine jamais le plus heureux avant la dernière seconde de la dernière heure de tes derniers jours. Tel était le conseil de Solon. Ne te crois pas immunisé contre les mauvaises surprises, recommandait Tirésias à Œdipe, puis à Créon. Toute réussite est provisoire, glissent les prophètes mal lunés. L'insensé qui se prend pour Dieu, est plus faible que les faibles. En ne cédant pas sur cette vérité, Antigone et les Danaïdes s'affirment sinon invincibles, du moins indomptables.

A l'aube du terrible XXe siècle, Péguy prophète de mal-

1. Charles Péguy, *Les Suppliants parallèles*, *op. cit.*, p. 904-905.

heur parfaitement solitaire, vint prédire ce qu'à l'orée du XXIe on peine encore à percevoir.

« C'est une idée chère au monde moderne que les perfectionnements obtenus, notamment dans l'ordre des moyens de communication, par l'application de la science et de l'industrie, et plus généralement de l'industrie à la science, ont donné des résultats acquis, indéplaçables, irrémissiblement inamovibles. Je crois au contraire que de grandes commotions n'auraient pas beaucoup à faire pour nous replonger dans des conditions de vie antiques, et presque instantanément elles replongeraient des parties considérables de l'humanité, sinon l'humanité tout entière, dans des conditions d'existence et de connaissance que l'on croyait irrévocablement dépassées. »

Diotime ou l'anti-Antigone

La vie est tragique, l'imprévu la gouverne. Si le pire n'est pas sûr, il n'est jamais exclu. Voilà les thèses sur lesquelles s'arc-boute la plus humble suppliante. Plus elles sont simples à entendre, plus elles sont difficiles à supporter. Quand le sage Solon les énonce, Crésus fait la sourde oreille. Quand Antigone les rappelle, Créon conclut qu'elle complote. Les méthodes pour imposer le silence varient. La plus expéditive, à la manière de Khomeyni, est d'interdire la conversation, de couper la parole à la moitié féminine de l'humanité. L'effet immédiat est garanti. Mais à long terme l'échec aussi.

Le voileur sait d'avance ce que la voilée ne doit ni dire ni montrer, il s'obsède en vain à fuir le discours d'une femme qui loge dans son crâne. Plus subtil, l'Occidental laïque, qu'une angoisse parente tenaille, en appelle à la femme contre la femme, à charge pour elle de dépasser le tragique dont elle est le témoin. Tournant la page des romans noirs, elle introduit au roman rose. « L'éternel féminin nous tire vers le haut », programme Goethe, rabâchant une bonne nouvelle inventée par Platon. Il n'est du reste pas interdit de penser que ces deux grands humoristes, Platon et Goethe, plaisantent.

Quoi qu'il en soit, leur blague prise au sérieux a la vie dure avec deux mille ans sonnés. Elle perpétue ses ravages en promettant qu'Eros guérit d'Eros, que les sorcières se transforment en saintes (parfois par le truchement du bûcher) et que le prétendu berceau de tous les vices n'est en fait que l'autel de toutes les vertus.

Ange et démon, totalement souillée ou parfaitement candide, pute et pure, la femme sous le regard mâle, balance entre deux pôles. Ou bien, divine, elle ouvre le paradis surréaliste – et sur-idéaliste – « où la vie et la mort, le réel et l'imaginaire, le passé et le futur, le communicable et l'incommunicable cessent d'être perçus contradictoirement », et Breton de partir en quête d'une Nadja pour abolir « l'épouvantail de la mort ». Ou bien on l'imagine satanique, comme la Juliette de Sade cultivant les « prospérités du vice », comme *Madame Edwarda* selon Bataille, exposant au public son sexe après usage non moins public : « Je suis dieu, tu dois regarder. »

Messe blanche, messe noire, rien là ne prête à scandale inédit. Platon distinguait le culte de Vénus profane et vulgaire et le culte d'une Vénus spirituelle et stellaire. Deux visions masculines complémentaires produisent un même résultat : l'escamotage sacré ou profane des tensions tragiques qui incendient l'expérience amoureuse commune.

Femme et tragédie sont congédiées conjointement dans le *Banquet*, ce texte prodigieux que Platon consacra à l'amour et qui devint une sorte de bible dans la tradition d'Occident. On assiste à la réunion imaginaire des célébrités intellectuelles et artistiques d'Athènes. Deux thèses sont élevées successivement sur le pavois : 1/ l'amour (éros) se régénère par l'amour, 2/ la femme se transcende elle-même.

Premier temps. Les interlocuteurs, tous des hommes, commencent par l'éloge du dieu amour, prenant le contre-pied des sagesses antérieures. Chacun chante l'érotisme sans fureur ni douleur, un érotisme gonflé de positif, réduit à l'échange donnant-donnant où l'amant et l'aimé ont tout à gagner, rien à perdre. Tantôt l'un offre sa science d'adulte et l'autre sa grâce juvénile (Pausanias). Tantôt ce sont les contraires qui s'attirent et confèrent l'un à l'autre harmonic et santé (Erixymaque). Tantôt le même rejoint le même dans la fusion du plaisir partagé (Aristophane). Quoi qu'il en soit, une complémentarité naturelle ou culturelle accorde sans violence les corps et les âmes. « Le point capital est qu'Eros ni ne commet d'injustice ni n'en subit. »

La dénégation radicale de l'hybris passionnelle livre la clé de ce *Banquet*, véritable machine de guerre antitragique. Platon s'amuse : la promotion d'un Eros tout sucre tout miel sort de la bouche d'Agathon, qui vient tout juste de décrocher le Premier Prix de tragédie ! Platon insiste et rigole : c'est le poète tragique qui se charge de ruiner méthodiquement les fondements de l'expérience tragique et de scier la branche sur laquelle il se perche. Et l'impitoyable ironiste de poursuivre son travail de sape.

Votre idyllique chimère d'une passion sans griffes patronnant un échange égal, éducatif et paisible est trop commode pour être honnête, objecte enfin Socrate. Le trublion philosophe relance le débat et rétablit le manque, l'inquiétude et le conflit propres à l'aventure humaine. Et là, comme par hasard, il restitue la référence féminine jusqu'alors soigneusement écartée par des convives, tous peu ou prou homosexuels, et tous en concurrence. Socrate en souligne le fait, un drôle de sourire en coin. En fait le « dialogue » de dupes rebondit de plus belle : il appartient à une femme de récuser la singularité des femmes.

Sous couleur de repartir à zéro et de perturber le consensus lénifiant, Socrate évoque une magicienne lointaine et inconnue du nom de Diotime. Et la fait parler. Théologienne autant que femme, Diotime expose que l'amour n'est pas Dieu, mais reste un intermédiaire, une voie, un chemin privilégié vers la divinité. En tant que femme, elle n'oublie pas la finitude où se débat Eros, fils d'astuce (le masculin « poros »), mais aussi de misère (le féminin « penia »).

En tant que prêtresse, Diotime prêche une solution résolument optimiste qui permet de s'immerger dans « le vaste océan du beau ». Il convient et il suffit, dit la théologienne, « de s'élever continuellement en usant d'échelons passant d'un seul beau corps à deux, et de deux à tous, puis des beaux corps aux belles occupations, ensuite des occupations aux belles sciences... jusqu'à ce qu'on atteigne enfin ce qui est beau par soi seul[1] ». Escalader l'échelle et gravir les degrés du mortel vers l'immortel réhabilite la loi du donnant-donnant, mais cette fois en intégrant sa dimension temporelle : l'amour est une lente maturation initiatique.

Don Juan s'en souviendra qui empile beaux corps sur beaux corps, mille et trois en Espagne. Hegel plus encore, dont les mystères de la temporalité dialectique garantissent la conversion magique du non-être en être et de la douleur en bonheur.

Le *Banquet* de Platon propose ainsi deux versions d'un éros tyranniquement rédempteur. Soit l'accord amoureux, immédiat tombe à brûle-pourpoint, comme un coup de foudre, affranchi de tout soupçon. Soit le temps travaille en pédagogue pour garantir l'heureuse et définitive rencontre du désir et du désiré. Dans les deux cas, abolissant les tensions qui l'ont engendré et dont la différence

1. Platon, *Banquet*, 211, e.

homme-femme n'est pas la moindre, l'amour introduit aux dimanches de la vie. Diotime est une anti-Antigone. Sa théologie met en musique les bribes de la sagesse masculine que Créon débite avec plus de brutalité pour conseiller à Hémon, son fils, de se consoler sur d'autres corps de la perte d'Antigone, « il est bien d'autres champs ailleurs à labourer ».

Les peaux et les personnes sont infiniment substituables (Diotime). Une de perdue, dix de retrouvées (Créon). Diotime fuit la douloureuse finitude dans l'océanique infini du beau, elle transcende la mortalité des corps dans l'immortalité de sa science. Elle oublie sa singularité pour planer dans l'universel. De Marsile Ficin à Heidegger, foison de penseurs vont platoniser avec elle, contre Antigone, cette rebelle impie qui refuse de parier sur la sagesse de l'amour.

La condition humaine faite femme

Qu'est-ce qui perpétue, à travers siècles et continents, de telles haines de la femme ? Réponse : sa faiblesse, parce qu'elle est celle de tous. Sa vulnérabilité, parce que les mâles n'y échappent pas. La transparence qu'elle affiche. Dans sa finitude nue et exposée, elle est l'alter ego de tous les ego, dont l'outrecuidance la toise de haut. La haine de la femme camoufle une angoisse, une déception, au final une haine de soi. Faute d'accepter son reflet dans le miroir, on le brise.

La femme occidentale, et elle seule, redouble le diagnostic d'universelle fragilité, en l'affichant sans fausse pudeur. Son image perturbatrice exporte sur la planète entière la crise morale qui l'a rendue possible. Pour penser la femme en tant que femme, il a fallu émanciper la condition féminine des cadres millénaires propres à en obturer la vision. « Voir Hélène en toutes les femmes. »

Ici l'important n'est pas Hélène, n'en déplaise à Goethe, mais ce « toutes les femmes » qui surgit dès qu'elles ne sont plus coincées dans la figure convenue de la reine adultère, de la magicienne, de la fille perdue ou de l'imbécile, bref, quand la rupture de l'ordre du monde et des sociétés laisse apparaître dans la brèche ouverte des singularités uniques, chaque fois différentes, Hélène, Antigone... jusqu'alors inimaginables.

A l'origine, une autre fable : « Le jugement de Pâris ». Un berger adulé, un adolescent magnifique, le prince Pâris est alpagué par trois déesses. Il doit choisir entre la piété souveraine de Héra, femme de Zeus, la sagesse armée d'Athéna et les charmes de la voluptueuse Aphrodite-Vénus. La règle du jeu est plus importante que l'option érotique du jeune prince, le choix est exclusif : ou bien la souveraineté, ou bien la sagesse, ou bien la beauté. Pâris choisit Vénus.

L'idéologie trifonctionnelle est court-circuitée, le panthéon indo-européen éclate. L'inconduite d'Hélène l'achève. Convolant avec le jeune Troyen, elle entraîne par amour, sans y penser, ses compatriotes dans la grande guerre, usurpant et pastichant la fonction guerrière dévolue à la sage Athéna. Puis, de retour dans ses foyers, en son palais de Sparte, elle se spécialise dans les philtres d'oubli et devient la quelque peu grotesque détentrice du pouvoir magique, apanage de la souveraineté, première fonction de l'idéologie indo-européenne. Enfin, elle ne retient de la troisième fonction – production et reproduction – que l'aura d'une beauté néfaste et fallace dont elle se proclame la première victime.

Son ramage et son plumage manifestent combien, dès sa naissance, la cité occidentale est vouée au « combat des Dieux » (Max Weber), au « vide des valeurs » (Hugo von Hoffmanstahl) et plus simplement à la crise permanente. En témoignent déjà les adolescents d'Athènes qui assiègent Socrate de questions infinies : nous ne pouvons plus vivre, penser et croire comme nos pères, que faire ? Aujourd'hui, les contemporains, qui estiment affronter une situation inédite, fustigent une « perte de repères », la croient nouvelle sans soupçonner qu'elle court depuis le VIIIe siècle avant notre ère.

En état de révolution permanente, la civilisation occidentale, née dans la Grèce antique, bouscule continûment ses modes de vie et ses manières d'agir. A la fois cause et conséquence de la rupture des amarres, la subversion féminine n'a cessé d'inquiéter. Pour se prémunir, les bons esprits du XIXe européen prônaient une construction en poupée gigogne de la cité moderne. Le noyau insécable de la société était la cellule familiale, indissoluble comme le mariage ; elle assurait la pérennité des ensembles plus vastes – classes, nations, communauté humaine – étayés par le couple parental. Catéchiseurs, législateurs, sociologues, tous, du Code civil aux bulles du Saint-Office, d'Auguste Comte à Zola ou Alain encore, communiaient dans le culte de la famille, socle de l'ordre social.

Imaginez le désarroi des bons apôtres s'ils se réveillaient aujourd'hui, en douce France, où la moitié des enfants naissent hors mariage tandis qu'aux Etats-Unis d'Amérique noces et divorces alternent à un rythme effréné. Plutôt que de bougonner, de siècle en siècle, contre la dissolution des mœurs, mieux vaut observer combien celles qui sont à la fois les flèches et les cibles de cette formidable évolution ont réussi à l'incarner.

Dans les années 30 et 40, une série d'excellentes comédies hollywoodiennes anticipaient, puis illustraient la mutation du couple occidental que la guerre mondiale universalise. Le critique de cinéma Stanley Cavell les baptise « comédies du remariage » pour la distance qu'elles prennent avec les scénarii sentimentaux classiques – tu me plais, je t'aime, je t'épouse et le ciel est à nous.

Dans la comédie de remariage, la première rencontre, le traditionnel coup de foudre est renvoyé loin, dans le passé révolu du conte de fées. Le happy end reste tout aussi ambigu. La crise est provisoirement surmontée, mais tout demeure en place pour un retour de manivelle imminent. Rien n'assure qu'ils vécurent heureux et eurent beaucoup d'enfants. Abandonnés à eux-mêmes, les couples se font, se défont, se refont. On frôle le divorce, on se sépare, on se retrouve, on hésite devant une flamme vacillante, vécue très vite comme une reprise d'hostilités. L'incertitude partagée, souvent amoureusement partagée, régit les rencontres, piège les naïvetés, amoncelle les quiproquos et provoque une cascade de rebondissements élégants et comiques. « Nous pouvons joindre nos mains tant que nous voudrons, une main reste la mienne et l'autre la tienne[1]. »

Ces comédies bousculent les rôles figés, font école en Amérique et, guerre mondiale aidant, gagnent le monde. Elles ont formé des modèles mythiques. Clark Gable et Claudette Colbert dans *New York-Miami* (Frank Capra) en 1934 offrent le film le plus applaudi de l'année. Dans *L'Impossible Monsieur Bébé* (Howard Hawks), Katharine Hepburn et Cary Grant s'embarquent pour une improbable chasse au léopard dans le Connecticut et se mènent l'un l'autre par le bout du nez. Dans *The Philadelphia Story* (George Cukor), le couple est un trio, tous s'aiment, la femme au QG : James Stewart-Katharine Hepburn-Cary Grant... C'est la même Katharine Hepburn qui boucle la boucle. Avec Spencer Tracy, l'amour de sa vie, elle forme un couple exemplaire de drôlerie et d'inquiétude. Ils excellent dans les rôles d'amants fous et méfiants, séducteurs séduits, alternant fleurs et haches de guerre. De *Femme de l'année* à *Madame porte la culotte* (*Adam's rib*, en anglais), on assiste à de prodigieux échanges de balles et de propos d'une drôlerie et d'une

1. S. Cavell, *Cinéma et Philosophie*, Presses de la Sorbonne, 2001, p. 110.

intelligence redoutables. Indépendance et égalité s'affirment, Monsieur et Madame, Amanda et Adam, sont avocats, aussi brillants l'un que l'autre, Madame plaide et Monsieur tombe à l'eau. Dire égalité n'est pas dire paix des ménages. Plus ils se retrouvent tendrement semblables et complices, plus ils entrent en concurrence et en rivalité, plus ils s'affrontent et plus ils s'enlacent, plus ils se moquent et plus ils s'aiment, plus ils courent au lit, plus vite ils prennent la fuite.

L'égalité croissante exclut les transports fusionnels. Ils sont pareils ne signifie pas qu'ils soient identiques. Le couple est une création continuelle, ni la société, ni la religion, ni un idéal, moins encore une idéologie ne le garantissent en quelque sorte de l'extérieur. L'élection réciproque de l'un par l'autre doit être à chaque tension plébiscitée par l'un ou par l'autre, sans que la réciprocité automatique soit au rendez-vous. A chacun d'éprouver l'autre et de se prouver lui-même. Prévoir bévues et méprises c'est savoir en sourire. Seul le sens de l'humour rédime l'incertitude. Spencer Tracy, mari en apparence trompé, sort un revolver qu'il pointe sur l'infidèle présumée, puis le retourne contre lui, ouvre la bouche, enfonce le canon, le mord et mange du réglisse. Mieux vaut en rire que pleurer.

« Il règne une incertitude fondamentale sur l'identité du héros, c'est-à-dire sur le fait de savoir si c'est l'homme ou la femme qui est le partenaire actif, lequel des deux est en chasse, lequel suit l'autre. On pourrait donner à cette structure le titre provisoire de « Comédie de l'égalité », puisqu'on y rit également de l'idée qu'hommes et femmes sont différents, et de l'idée qu'ils ne le sont pas. De tous les films appartenant selon moi à ce genre, c'est *Adam's rib* qui conduit ce thème à sa conclusion la plus explicite. Nous sommes une fois de plus dans la campagne très chic du Connecticut ; une fois de plus le couple se retrouve seul. Et on nous présente ce qui ressemble à une blague éculée et trop connue. Tracy dit (en français) : « Vive la différence ! » Hepburn demande : « Qu'est-ce que cela veut dire ? » Tracy répond : « Ça veut dire : hourrah pour cette petite différence. » Puis ils montent sur le lit, passent derrière les rideaux du baldaquin, et le film se termine. Un film aussi malin et convaincant qu'*Adam's rib* ne saurait se clore sur une plaisanterie aussi usée. Et de fait, ce n'est pas le cas. Il se clôt sur une plaisanterie aux dépens de cette plaisanterie. Il est inconcevable que cette femme – à qui Tracy avait ironiquement lancé un peu avant, alors qu'elle prenait un ton supérieur : « Oh, tu me ressors encore ton numéro de collège bon chic, hein ? » –, que cette femme donc ne sache pas ce que les mots veulent dire en français. Elle demande avec solennité quelle est alors la différence signifiée par cette petite différence. C'est donc en répétant une question, et non pas en fournissant une réponse, qu'ils grimpent ensemble sur le lit pour disparaître à nos yeux, en gardant, de manière surréaliste, leur chapeau sur la tête. (La manière dont ils mettent ces chapeaux est en soi une jolie histoire. Elle met le sien en signe d'acceptation nouvelle d'un cadeau important et intime qui vient de lui. Il met le sien pour reconnaître qu'elle a mis le sien. Il met le sien sans y penser, comme un autre l'enlèverait en présence d'une dame. Ce couple est en train à lui tout seul d'inverser la galanterie.)

« Cette égalité dans le rire à propos de l'idée de différence suffit à prouver que contrairement à ce qui se produit dans les comédies classiques, il ne peut y avoir en général de nouvelle réconciliation sociale à l'occasion de ces dénouements. Car la société ne considère pas que la différence entre les hommes et les femmes soit un sujet de discussion métaphysique ; la société pense savoir ce que signifie cette différence. Ainsi le couple principal de cette structure tirera normalement la conclusion par lui-même, isolé dans le cadre de la société, et non pas soutenu par elle[1]. »

Le « remariage », ou la répétition permanente du choix, implique que rien n'a lieu qu'entre des êtres finis conscients de leur finitude. Ils s'amusent aux antipodes des relations « platoniques » caressées dans le *Banquet*, ils quittent la table des valeurs universelles si vantée par Diotime. Dans un couple en perpétuelle reconduction, les amants se regardent l'un l'autre et non pas tous les deux dans la même direction. « Ce que ce couple fait ensemble est moins important que le fait qu'ils sachent passer du temps ensemble, qu'ils préféreraient perdre du temps ensemble plutôt que de faire un autre choix – sauf qu'on ne saurait qualifier de perdu le temps passé ensemble[2]. » Ils ne s'identifient pas, ils conversent, c'est dire qu'ils échangent des baisers et des paroles, des jeux verbaux, des flèches et des bouquets de mots. La fusion identitaire abolissant différences et querelles leur est étrangère, c'est un leurre qui relève du vert paradis des illusions enfantines ou sacrées. Le bonheur de l'homme et de la femme n'est pas acquis d'avance et donné une fois pour toutes, mais retrempé dans le bonheur de ne pas le laisser filer.

Montaigne, sous prétexte de préférer les mœurs romaines à celles de son époque, nous livre l'éloge quelque peu anticipé de la comédie américaine : « Nous avons pensé attacher plus ferme le neud de nos mariages pour avoir osté tout moyen de les dissoudre ; mais d'autant s'est dépris et relaché le neud de la volonté et de l'affection, que celuy de la contrainte s'est estroicy. Et au rebous, ce qui tint les mariages à Rome si long temps en honneur et en seurté, fut la liberté de les rompre qui vou-

1. Stanley Cavell, *A la recherche du bonheur*, « Hollywood et la comédie du remariage », *Les Cahiers du Cinéma*, p. 118.

2. *Ibid.*

drait. Ils aymaient mieux leurs femmes d'autant qu'ils les pouvoyent perdre[1]. »

Les aimables convives du *Banquet* promettent une perpétuelle plénitude et Diotime l'infinitude à qui mise les yeux fermés sur la bienveillance d'Eros. Loin de ces fadaises, les amoureux du « remariage » permanent savent et expérimentent que jamais un coup de dés n'abolit le hasard. Pas question d'aller chercher la source des défaillances et des malheurs dans la fourberie supposée de l'éternel féminin ou la férocité postulée de l'éternel masculin. Les Suppliantes d'Eschyle l'affirmaient déjà, hommes et femmes sont égaux en finitude, l'avantage des secondes tient à ce qu'elles l'oublient moins souvent. Quitte à déplaire au mâle-roi, qui s'arrache à sa condition mortelle en s'acharnant sur celles qui la lui rappellent.

*

Comment se termine l'*Iliade* ? Doublement. La narration proprement dite appose son point final en évoquant les funérailles d'Hector. Le roi Priam s'est glissé dans le camp grec pour, comme un suppliant, implorer Achille de restituer le corps. Le héros grec songe à son propre père qu'il ne reverra pas, sa fureur tombe, il compatit. Priam, à son tour, cède à l'aura du meurtrier de son fils : « Priam le Dardanide alors admire Achille : qu'il est beau ! qu'il est grand ! on croirait voir un dieu ! Achille admire aussi Priam le Dardanide pour sa prestance noble et ses sages paroles[2]. » A proprement parler le texte de l'*Iliade* se termine dans l'horizon du philein : ici, des mortels se reconnaissent et se coalisent malgré leurs désaccords afin de barricader les portes de l'enfer. Lequel menace sans

1. Montaigne, *Essais*, livre II, chap. XV, La Pléiade, p. 599.
2. *Iliade*, XXIV, La Pléiade, p. 530.

cesse, rappellent quatre voix de femmes que Homère charge d'évoquer la chute de Troie et le carnage – second épilogue qu'il n'écrira pas.

Le contraire de la haine n'est décidément pas l'amour, Eros et ses ivresses oblatives. Seul sauve le « philein », l'alliance entre ennemis potentiels, face à la commune adversité.

6

Bonjour monsieur Montaigne !

La décapitation des tours jumelles, l'explosion des trains en gare d'Atocha, l'horreur de Beslan nous entraînent dans un paysage stratégiquement inédit. Les Etats se faisaient fort jusqu'alors de maintenir le démon dans sa cage et le diable terroriste dans une bouteille scellée hermétiquement, entendez géopolitiquement close. La dévastation nucléaire était bloquée par la dissuasion. La dévastation totalitaire était cantonnée derrière les fils de fer barbelés de frontières distinctes, même si elles étaient disputées. Lorsque je publiai, en 1967, *Le Discours de la guerre*, je me réclamai, contre tous ses détracteurs, de l'héritage spirituel du plus grand stratège de l'Europe moderne, Karl von Clausewitz. Ni la Bombe ni la kalachnikov n'avaient alors fondamentalement bouleversé une conception très classique des rapports de force, que Rousseau baptisa « état de guerre ». Cette époque est révolue, il faut désormais penser à nouveaux frais **l'état de haine** où se débat une humanité en miettes.

L'ANCIEN ÉTAT DE GUERRE

Jusqu'au 11 septembre 2001, les guerres froides ou chaudes se tramaient autour de lignes de front repérables.

Les conflits d'Etat à Etat impliquaient le respect, ou le franchissement, ou le déplacement de frontières géographiques toujours parfaitement perceptibles. Les insurrections civiles et les révolutions visaient la prise du pouvoir sur un territoire circonscrit, non moins visible. Le terrorisme – l'agression délibérée de civils désarmés par des hommes armés (en uniforme ou sans) – manifestait sa rage à l'intérieur et à l'intérieur seulement de ces frontières. Ainsi les communistes vietnamiens ne sc privèrent-ils pas, comme trop de mouvements d'indépendance, d'extorquer l'assentiment et le « soutien » du peuple en le martyrisant. Néanmoins cette mobilisation féroce restait d'usage interne, les comptes avec l'ennemi se réglaient sur les champs de bataille, à Diên Biên Phu 1953, à Saigon 1975. Les « Viêt-congs » n'avaient pas idée d'aller faire sauter Paris ou New York. Jamais le terrorisme endogène ne fut exporté, sciemment, au cœur des métropoles ennemies en vue d'obtenir la victoire, non plus par la force des armes, mais par la panique des âmes.

Certes les bombardements « psychologiques » des villes ont souvent accompagné les offensives militaires, cependant la distinction entre l'arrière et le front subsistait. « Dans la guerre, tout est soumis à cette loi suprême qu'est la décision par les armes. La lutte consiste à sonder les forces morales et physiques au moyen de ces dernières » (Clausewitz). La stratégie des bombes humaines abolit ce découpage canonique. Il n'y a plus de champ de bataille, plus de ligne de front. Il n'y a plus d'arrière, tout habitant civil se retrouve soldat malgré lui et condamné en puissance. Le but de l'internationalisation du terrorisme est de transformer, par la crainte et le tremblement, l'humanité entière en une collectivité de morts-vivants, apathiques et tétanisés par l'évidence de leur intrinsèque vulnérabilité.

Les défaillances, les imprévoyances, les erreurs des systèmes de sécurité américains, avant et après le 11 septembre, dépassent les traditionnelles paralysies bureaucratiques. Il ne suffit pas davantage d'incriminer le « manque d'imagination » propre aux états-majors, en retard, comme d'habitude, d'une guerre. On s'interrogeait sur Ben Laden. Sur ses moyens, de quel arsenal dispose-t-il ? armes atomiques, biologiques, chimiques ? combien de divisions ? sur quels territoires et population veut-il étendre son emprise ? quels alliés ? quelles bases arrières ? Bref, on le jaugeait à l'ancienne et on le sous-estimait.

Ben Laden ne mobilise pas des forces classiques, mais des haines. Des haines, qui, armées d'un simple cutter, valent des engins autrement sophistiqués. Ben Laden vise moins des territoires que les cervelles, il promeut l'universalisation, sous sa houlette, des fièvres antioccidentales. Les experts américains expertisaient en fonction de l'état de guerre, donc sous-évaluaient le chef terroriste, le considérant comme un acteur infra-étatique qui ne fait pas le poids. Les stratèges s'aperçurent avec retard que le terrorisme mondialisé change radicalement la règle, les affrontements et les enjeux[1].

Progressivement l'ampleur du défi se dévoile, il outrepasse le cadre des mesures de police ou des opérations militaires si nécessaires soient-elles, il embrasse l'espace planétaire et la longue durée d'une génération au moins. Les partages et les équilibres entre blocs ont sauté. Sous l'état de guerre (froide ou chaude) surgit non pas la concorde universelle, mais un état de haines, froides, bouillantes, latentes ou manifestes, toujours difficiles à contenir.

La guerre se joue autour d'un « centre de gravité » dont la prise entraîne la capitulation. Or, remarque

---

1. *The 9/11 commission report*, Norton, 2004. Rapport final de la commission d'enquête indépendante (mi-républicains, mi-démocrates) du Congrès américain.

Clausewitz, la nature de ce centre varie et avec elle la forme du conflit. Selon que la décision dépend de la personne du prince – François Ier fait prisonnier, la France est défaite – ou bien de la survie d'une capitale, ou de celle d'un appareil susceptible de mobiliser politiquement et industriellement la nation. La guerre terroriste, qui vise l'esprit du citoyen au moyen de destructions matérielles terrifiantes, n'est-elle qu'une nouvelle forme de la décision par les armes ou bien, plus originale et radicale, nous contraint-elle à sortir du cadre du discours de la guerre pour, comme ce livre tente de l'indiquer, nous confronter directement au discours de la haine ?

L'état de guerre, tel que le définit l'Europe classique et moderne, limite les conflits armés décisifs aux conflits entre souverainetés : « Il n'y a point de guerre entre les hommes : il n'y en a qu'entre les Etats. » Quoi qu'en pense Jean-Jacques Rousseau[1] un tel axiome n'est ni naturel ni originel, pareille règle du jeu ne vaut qu'à partir de 1648, date du traité de Westphalie. Et si elle domine le droit européen – *jus gentium* –, elle tombe en quenouille dès la fin de la guerre froide. Pendant trois siècles, laps de temps assez bref au regard de la longue histoire du vieux continent, les Etats ou les blocs d'Etat maîtrisent en effet l'échelle entière des violences possibles.

Au sommet, aucun pouvoir supra-étatique ne domine le « concert des grandes puissances », soit : le cercle restreint des Etats et des alliances entre Etats, qui se partagent la planète et s'y taillent des empires.

A la base, toute capacité subversive est soumise au « monopole de la violence légitime » (Max Weber) que revendique l'Etat centralisé depuis la fin des guerres de Religion.

Cette double maîtrise des désordres d'en dessous et

1. J.-J. Rousseau, « L'état de guerre », *Œuvres complètes*, La Pléiade, pp. 601-616.

d'au-dessus permet à l'Etat, conservateur, révolutionnaire, de droite, de gauche, monarchique ou républicain de s'affirmer acteur unique de l'état de guerre donc promoteur unique des paix possibles.

Eu égard à la pluralité des Etats, leur grandeur et leur force sont relatives, chaque acteur « est forcé de se comparer sans cesse pour se connaître », dit Rousseau. L'Europe, puis le monde, demeurent en permanence un champ de rivalités, d'alliances et de contre-alliances, de concurrence économique, de course aux armements, de défis culturels et idéologiques : cet « état de guerre » perpétuel ne signifie aucunement que les batailles sanglantes deviennent fatales ni même nécessaires. Rousseau précise encore : l'état de guerre, « disposition mutuelle, constante et manifeste », n'est pas la guerre ; au contraire, c'est en pesant et contre-pesant les rapports de rivalité qu'on assied le cessez-le-feu et qu'on construit les paix.

Puisque l'état de guerre se résume aux rapports entre Etats, la responsabilité de l'équilibre européen, puis mondial, donc des paix, leur échoit. Cette proposition d'apparence banale entraîne une conséquence qui l'est moins : les débordements de haine intra ou inter-étatiques sont par principe maîtrisables par les puissances souveraines.

A l'intérieur de chaque pays, le monopole de la violence légitime impose aux passions populaires l'autorité de l'exécutif et le respect des lois établies (si révolution il y a, elle change l'Etat mais maintient le principe de sa souveraineté).

Entre les Etats, la haine peut certes fleurir, voire précipiter un affrontement sanguinaire, néanmoins la guerre demeure affaire d'Etat, ce ne sont jamais les haines mais les armes qui ont le dernier mot.

Si tu veux que ta haine triomphe donne-toi un Etat armé jusqu'aux dents, si tu veux te protéger contre la haine du voisin prépare ta guerre contre celle dont il te menace. L'axiome de Clausewitz tient bon : les forces

« morales » (et immorales) sont mesurées par les forces « physiques » sur le champ de bataille. Le discours de la guerre est alors plus décisif que le discours de la haine. Même Hitler, spécialiste ès diabolisations de l'adversaire, sera vaincu, non par un assaut de vitupérations, mais avec les moyens et les alliances nécessaires pour l'emporter prosaïquement sur le terrain.

EN DEÇÀ DE LA GUERRE

Cette règle de fer du jugement sur pièces et du paiement cash trébuche devant le terrorisme qui esquive l'empoignade terre à terre pour vivre à crédit en livrant des batailles principalement mentales. Adieu Austerlitz, Verdun et Stalingrad. Panique et décervellement se font fort de contraindre l'adversaire à poser les armes et à baisser les bras. Les trains explosés en gare d'Atocha montrent une efficacité supérieure à l'alignement de troupes. Prises d'otages, décapitations filmées et diffusées, voitures piégées et bombes humaines font le reste.

La guerre ne décide plus de la survie ou non des haines, puisque c'est la haine et la servitude volontaire qu'elle génère chez sa victime qui couronnent les terroristes des palmes de la victoire.

1648. Plus d'autorité supra-étatique, l'antique querelle du Sacerdoce et de l'Empire est résolue par la disparition simultanée des deux prétendants à la régie unitaire du vieux continent. La religion s'accommode ou se subordonne, croyance du prince et religion des sujets doivent coïncider. Pas davantage de pouvoir autonome infra-étatique : féodaux, corporations, particularismes locaux se soumettent ou se démettent.

Le contrat du traité de Westphalie assure aux grandes puissances européennes la direction des affaires européennes de la cave au grenier. Les acteurs grandissent ou se ratatinent, s'allient, se séparent, s'absorbent les uns les autres, mais malgré d'épouvantables conflits, la structure de l'état de guerre ne varie pas, qui veut que les Etats et eux seuls mènent le jeu.

Même la guerre froide, où les Etats volontaires ou contraints font « bloc », soumet l'idéologie au « bloc » et le pseudo-universel marxisme à la gestion de Moscou, Pékin, etc. Les centres du monde demeurent les Etats, le discours de la guerre commande leurs calculs et leurs espérances, l'échange de menaces et de contre-menaces, des coups et des promesses. Pour une raison simple : les moyens de détruire et de se défendre sont plus que jamais monopolisés par les entités étatiques. Entre elles la dissuasion guide leurs pas et leurs faux pas. Au-dessous d'elles, l'ordre est maintenu, non sans tragiques « bavures », par la poigne totalitaire à l'Est et le consensus des Etats de droit à l'Ouest.

Après la guerre froide : plus rien ? le calme plat ? la station balnéaire pour tous ?

Rien au-dessus. Les religions séculaires et les prophéties marxistes sont à l'agonie. Rien au-dessous, les subversions sont sans objet puisque les utopies sont vides. La fin de la guerre froide parut promesse de paix éternelle pour des Etats occidentaux et nantis, persuadés qu'ils avaient plus à perdre qu'à gagner dans le recours aux armes en vue de régler des disputes désenchantées. L'enjeu ne vaut pas la chandelle qui mettrait le feu à la plaine, comme en 14 ou en 40.

La mondialisation du terrorisme dissipa ce rêve aussi charmant qu'inconsistant. Puisque la bombe humaine existe, le monopole des grands moyens de destruction échappe pour la première fois depuis 1648 aux Etats. Lesquels deviennent des acteurs parmi d'autres, certes encore très importants, mais parmi d'autres qui disposent d'un pouvoir de dévastation imprévu et fort important lui aussi.

Il faut désormais doubler la lecture de Karl von Clausewitz, toujours de bon conseil, car rien ne se dissipe totalement et tout se surajoute, par celle de Michel de Montaigne.

Dommage que les Français se satisfassent d'un sempiternel c'est-la-faute-à l'hyperpuissant américain. Quand ils se fatigueront d'une aussi courte explication, ils découvriront à la lecture des *Essais* de Montaigne quelques trésors de pensées plus subtiles. Entre les guerres de Religion qui ravagent la France à son époque et celles qui menacent la sécurité planétaire d'aujourd'hui, les ressemblances sont criantes.

Hier comme aujourd'hui, les boucheries menées au nom de Dieu se sont pas religieuses mais terroristes. Elles invoquent le Très-Haut à des fins très basses. « Entre nous ce sont choses que j'ay toujours vécues de singulier accord : les opinions supercélestes et les mœurs sousterraines. »

Hier comme aujourd'hui, les délires théologico-politiques, nos folies « grammairiennes », ensauvagent les conflits. « Il n'est point d'hostilité excellente comme la chrétienne. Notre zèle faict merveilles, quand il va secondant notre pente vers la haine, la cruauté, l'ambition, l'avarice, la destruction, la rébellion. »

Les guerres étrangères escaladent en guerres civiles, familiales, en pestes intérieures. « Monstrueuse guerre : les autres agissent au-dehors, cette-cy encore contre soy se ronge et se défait par son propre venin. »

Hier comme aujourd'hui, de tels ébranlements n'annoncent pas la victoire des uns sur les autres, mais leur ruine commune, « en cette confusion où nous sommes depuis trente ans, tout homme français, soit en particulier, soit en général, se voit à chaque heure sur le point de l'entier renversement de sa fortune ». De même que *Lire* Lolita *à Téhéran* génère un beau livre, lire Montaigne à Kaboul, à

Beyrouth, à Grozny vaut Guide Bleu pour traverser les années noires.

« Au lieu de consolider la foi, j'éveillais à la recherche. Au lieu de fortifier une raison, un principe, je poussais à l'esprit critique, au doute méthodique, à la lucidité », dit Saïd Bahodine Majrouh. J'ai connu, grâce à Bernard Kouchner, ce voyageur de Minuit, poète philosophe, l'ancien doyen de l'université de Kaboul, il aimait Montaigne et Descartes ; résistant antisoviétique, ami de Massoud, il fut assassiné, réfugié à Peshawar, par un commando islamiste, quand « la longueur du poil fit loi, et quiconque ne s'affublait pas de l'ostensible et sacro-sainte barbe se voyait mis à l'index, mauvais homme et mauvais croyant, indigne de faire partie de l'intransigeante et pure cohorte des Frères Ennemis de Satan ».

Montaigne explore un espace pré-clausewitzien où la guerre fait rage sans qu'un Etat en assume la direction et la responsabilité, à charge pour les simples individus soucieux de survivre d'en maîtriser l'impétuosité. Ne vous y trompez pas. Montaigne ne se fait pas l'apôtre de la non-violence, il confesse la haute estime que lui inspire le métier des armes. Il sait qu'il convient, à l'occasion, de résister à la guerre par la guerre. Peu enclin aux solutions utopiques Montaigne était clausewitzien avant la lettre, en amont de Clausewitz, antérieurement à l'équilibre du traité de Westphalie, avant qu'un souverain (Henri IV qu'il soutient) soit en mesure d'élever l'Etat au-dessus des conflits confessionnels. La question de Montaigne, celle qui taraude son œuvre, c'est le moderne état de haine, l'alliance entre une cruauté sans limites et le discours qui la légitime. « Il ne se peut imaginer un pire visage des choses qu'où la méchanceté vient à estre légitime et prendre, avec le congé du magistrat, le manteau de la vertu. »

L'économie des trois livres des *Essais* tient tout entière là : couper la haine du discours complice qui lui ouvre les consciences, la rend présentable, admissible, aimable, désirable. Dépouiller la cruauté des mots qui la maquillent. Faire apparaître l'inhumain dans sa sordide nudité.

DU DÉLICE D'EGORGER DOUCEMENT SON OTAGE

> « Les tyrans pour faire tous les deux ensemble et tuer et faire sentir leur colère, ils ont employé toute leur suffisance à trouver moyen d'alonger la mort. Ils veulent que leurs ennemis s'en aillent, mais non pas si vite qu'ils n'ayent loisir de savourer leur vengeance... Tout ce qui est au-delà de la mort simple me semble pure cruauté[1]. »
>
> Montaigne.

Le diagnostic de Montaigne face aux fous de Dieu de l'époque recoupe le jugement de Solon, le sage grec, devant l'outrecuidance de Crésus et l'analyse sartrienne de l'antisémitisme : « Ils veulent se mettre hors d'eux et eschapper à l'homme. C'est folie ; au lieu de se transformer en anges, ils se transforment en bestes ; au lieu de se hausser, ils s'abattent. » Les *Essais* démythifient, pièce à pièce, un état de haine où s'entrecroisent les « humeurs transcendantes » des tueurs zélés et la servitude volontaire de qui laisse faire. Ces deux comportements apparaissent antagoniques, mais ce n'est qu'apparence. L'un nihiliste actif, l'autre nihiliste passif manifestent la commune trouille qui les pousse, meurtriers ou suicidaires, mais toujours atterrés de mourir, à sauter hors d'eux-mêmes. « Quelquefois la fuite de la mort fait que

1. Montaigne, *Essais*, *op. cit.*, pp. 411-412.

nous y courrons... comme ceux qui, de peur du précipice, s'y lancent. »

Peu à peu, chancelleries et stratèges apprendront que les rapports de force ne sont plus ce qu'ils étaient. La nécessaire révolution mentale transcende les discussions secrètes des états-majors et des chapelles politiques, rien n'y fait, dorénavant le public, acteur et spectateur, est embarqué corps et biens dans la querelle planétaire. Le terrorisme mondialisé a pris l'initiative, il joue avec les nerfs des populations, à charge pour elles souvent d'organiser leur propre perte et, dûment affolées, de contraindre leurs chefs récalcitrants à céder ou partir.

L'effet recherché du décervellement entraîne deux types de comportements contraires, selon que l'opinion surévalue les dangers ou les sous-estime. Nombre d'Européens diagnostiquent volontiers chez leur vis-à-vis d'outre-Atlantique un « traumatisme » grandiloquent qui frise l'indécence : en exagérant l'ampleur des dégâts, il interdirait une distanciation de bon aloi pour raison garder. En réciproque, quand à leur tour des Européens sont frappés, atteints dans leur chair, ils préfèrent régler les comptes en vase clos, comme s'il convenait d'oublier les instigateurs trop effrayants du forfait. Ainsi trois jours après le bain de sang d'Atocha, où des trains explosèrent avec leurs voyageurs, le corps électoral espagnol, dans un cinglant démenti aux prévisions et aux sondages, choisit de clore le contentieux en famille, renversa la majorité et démit son gouvernement. Comme si celui-ci portait la responsabilité première de la tuerie. L'inconnu fait peur. Les Espagnols se rassuraient dans les urnes par un extraordinaire exercice d'exorcisme.

Relisez soigneusement le communiqué qui revendique le massacre de Madrid. El-Qaïda vise en bloc les croisés et les juifs ; elle menace allégrement ceux qui expédient leurs soldats en Irak, mais aussi les pays qui sont présents en Afghanistan, toute la communauté européenne, quasi mondiale donc. Fou l'Européen qui se croit immunisé pour s'être opposé au renversement par la force de Saddam Hussein ! Aucun édifice public, aucun train de banlieue n'échappe au programme des bouchers islamistes. « Train de la mort », « fumée noire de la mort », « vent de la mort », sur terre, dans les airs, les funèbres métaphores s'envolent sans frontières, « réponses aux crimes que vous avez commis dans le monde... en Irak et en Afghanistan. Vous voulez la vie, nous voulons la mort ».

Investissant les élections espagnoles, le terrorisme promulgue son évangile et passe aux travaux pratiques. Minutée pile, l'hécatombe du 11 mars 2004 vaut monstrueux exemple. Peu importe que les 200 morts et les 1 500 blessés aient été des banlieusards démunis, probablement opposés comme 80 % de leurs compatriotes à l'intervention en Irak. Le « matériel humain » ne compte guère aux yeux des terroristes qui prouvent la force de leurs convictions et la puissance de leurs offensives mentales par le meurtre du désarmé, quel qu'il soit et quoi qu'il pense. Bis repetita, tout le monde l'a dit, ce 11 mars l'Europe a vécu son 11 septembre, l'épouvante de Manhattan a frappé une nouvelle fois.

Sauf qu'à Madrid, les assassins purent se vanter d'avoir gagné. En trois jours ils ont retourné l'opinion. Le parti d'Aznar (partisan de la coalition Bush-Blair), donné victorieux, a mordu la poussière. Puni ! Mais par qui ? A quoi servent les campagnes électorales, le porte-à-porte, les meetings, les conventions, les bilans, les programmes, les débats, puisqu'il suffit de faire exploser des wagons bondés de pauvres gens pour inverser, en quelques heures, le verdict des urnes ? Ce raz de marée final que toutes les prévisions excluaient n'est dû qu'aux bombes d'Atocha et à la terreur qu'elles diffusent. Comment les assassins ne concluraient-ils pas que ce sont eux qui font la décision et que le terrorisme désormais est plus fort que la démocratie ? Les socialistes qui furent appelés à gouverner l'Espagne ont tenu leur promesse, ils ont évacué l'Irak. Ils ont confirmé l'intime conviction des tueurs : plus grande est l'horreur, plus elle s'avère efficace. Le crime paie.

Mais non, objectent les angéliques. J.M. Aznar a perdu parce que son alliance avec G.W. Bush était impopulaire ! Certes, mais l'était-elle moins à trois jours des élections quand il était donné gagnant et que ses adversaires n'espéraient plus récupérer tous les anti-guerres ? Sans les bombes, les cris « Aznar assassin ! » eussent sonné faux et dérisoires. Le Ground Zero madrilène a paniqué les cerveaux, ranimé les démagogues, inversé l'ordre des responsabilités. Il était programmé pour ça. Il assena aux peuples dubitatifs partout dans le monde la preuve que la démocratie, notion mécréante, se tord à la guise du plus cruel. Les esprits faibles, ces « idiots utiles » disait Lénine, n'avaient-ils pas déjà attribué à Bush et à la CIA la chute des Twin Towers ? Redoutant d'affronter le commanditaire réel, on met la main sur un responsable virtuel et Aznar remplace Ben Laden dans le dégoût des électeurs qui lui règlent son affaire illico presto.

Les nouvelles autorités, comble de l'ironie, affirmèrent dans la foulée résister aux maîtres chanteurs en cédant à leur chantage. Elles dirent précipiter le retour de leurs soldats d'Irak pour ne pas avoir à déguerpir honteusement sous la pression d'éventuelles prises d'otages. Cela fut « expliqué » en toute surréaliste bonne foi. La circulation de la haine donne le vertige. La sauvagerie s'acharne contre un autre qui la subit, l'assimile et se découvre coupable.

Otto Weininger, jeune et brillant intellectuel viennois, juif et homosexuel, professait en 1900 un antisémitisme à faire pâlir la concurrence déjà fort nombreuse. Le Juif est une femme, écrivait-il, et la femme souffre d'une infériorité obscène et sans remède. Solitaire, homme et femme, le jeune homme se constitua prisonnier du scénario classique des scènes de ménages paroxystiques. Dans le cercle vicieux où la hargne de l'autre devient haine de soi, et retour, il s'était construit un théâtre intime, enfilant tour à tour les haillons de sa victime et les bottes de son bourreau. Otto Weininger se suicida.

Arrive l'heure des décisions. Ou l'Europe s'unifie en résistant aux ingénieurs d'apocalypse, choix anglais de Tony Blair, de la Pologne, de l'Italie, la Tchéquie... Ou elle se pose en s'opposant aux Etats-Unis, voie du pseudo-« camp de la paix », selon la France, l'Allemagne et la Russie. Le « Viva la muerte ! », entonné par les légions qui glacent le citoyen d'Europe, risque d'emporter, démission par démission, Rome, Paris, Athènes... Ne demandez pas à qui le tour ! « N'envoie jamais demander pour qui sonne le glas, il sonne pour toi. » Hemingway antifranquiste, citait John Donne, poète du XVIIe siècle. Les fous de Ben Laden pastichent Millan Astray. L'Europe saura-t-elle retrouver la voix de Miguel de Unanumo pour dégueuler la loi du meurtre, celle, jadis, d'un général phalangiste, celle, en notre temps, des tueurs nihilistes ? Il n'est jamais trop tard pour endiguer une débâcle.

« VIVA LA MUERTE ! »

« C'était le jour de la fête de la Race, l'anniversaire de la découverte de l'Amérique par Christophe Colomb, et une cérémonie avait lieu dans le grand amphithéâtre de l'université de Salamanque. Il y avait là le Dr Pla y Deniel, évêque de Salamanque, et le général Millan Astray, le fondateur de la Légion étrangère, qui était à l'époque un conseiller très écouté de Franco, même si à titre non officiel. Son bandeau noir sur l'œil, son bras unique, ses doigts mutilés faisaient de lui un héros du moment ; quant au fauteuil de la présidence, il était occupé par Unanumo, le recteur de l'université... Au fond de l'amphithéâtre, quelqu'un lança la devise de la Légion étrangère : « Viva la muerte ! » Alors Millan Astray cria son habituel mot d'ordre pour exciter la populace : « Espagne ! » Un certain nombre de gens répondirent : « Une ! » Il reprit : « Espagne ! » « Grande ! » fit en chœur l'assistance. Mais quand Millan Astray poussa son dernier « Espagne ! », ses gardes hurlèrent : « Libre ! » Quelques phalangistes firent le salut fasciste devant la photographie sépia de Franco, accrochée au dais de l'estrade. Tous les yeux étaient maintenant fixés sur Unanumo qui, ce n'était un mystère pour personne, haïssait Millan Astray et qui se leva pour prononcer le discours de clôture. Il déclara :

« Vous attendez tous ce que je vais dire. Vous me connaissez et savez que je ne peux garder le silence. Car le silence peut être interprété comme un acquiescement... Je viens d'entendre un cri nécrophile et insensé : « Vive la mort ! » Et moi qui ai passé ma vie à façonner des paradoxes qui ont soulevé l'irritation de ceux qui ne comprenaient pas, je dois vous dire, en ma qualité d'expert, que ce paradoxe barbare est pour moi répugnant. Le général Millan Astray est un infirme. Disons-le sans arrière-pensée discourtoise. Il est invalide de guerre. Cervantès l'était aussi... Je souffre à la pensée que le général Millan Astray pourrait établir les bases d'une psychologie de masse. Un infirme qui n'a pas la grandeur spirituelle d'un Cervantès recherche habituellement son soulagement dans les mutilations qu'il peut faire subir autour de lui. »

A ces mots, Millan Astray n'y tint plus : « Mort aux intellectuels[1] ! »

Le pari de Montaigne

L'angoisse devant la mort est mère des forfanteries et des lâchetés qui nourrissent le terrorisme, religieux ou

1. Hugh Thomas, *La Guerre d'Espagne*, Robert Laffont, Bouquins, pp. 385-386.

pas, individuel ou d'Etat. Encore convient-il de se souvenir que, du temps de Montaigne comme du nôtre, l'opinion européenne ou mondiale redécouvre que plane, au-dessus des morts individuelles, la menace d'une « seconde mort », collective celle-là, susceptible d'annihiler le genre humain dans son ensemble. Les « grandes peurs » n'ont pas attendu l'arme nucléaire pour déconsoler les civilisations et les faire douter d'une Providence qui les éterniserait contre vents et marées. Faut-il prétendre recoller les morceaux d'une quelconque harmonie préétablie pour ne pas désespérer Billancourt et l'humanité, selon le mauvais mot de Sartre aux prises avec son stalinisme ?

Montaigne, voyez son « apologie » (en fait : sa démolition en règle) de Raimond Sebond, prescrit l'inverse. Il faut, au contraire, désespérer de se vouloir Dieu : « Au plus eslevé throne du monde, si ne sommes assis que sus nostre cul. » Le choix d'assumer la condition mortelle – lequel pour Montaigne définit la philosophie comme art « d'apprendre à mourir » – désamorce les angoisses et les enthousiasmes « transcendants ». Pour sortir des guerres de Religion et des discours de la haine, une seule recommandation : l'imitation de Socrate.

Quel Socrate ? Non pas la figure extatique et illuminée chère aux platoniciens et platoniques, mais le désenchanteur professionnel. Celui qui connaît et publie sa propre ignorance : « C'est luy qui ramena du ciel, où elle perdait son temps, la sagesse humaine pour la rendre à l'homme, où est sa plus juste et plus laborieuse besoigne et plus utile. »

Tel est le pari français de Montaigne. Oui un peuple déchiré par les haines religieuses, c'est-à-dire un peuple qui divinise ses haines politiques et politise ses sectarismes théologiques, peut s'extirper de son bourbier. Oui à condition de renoncer à imposer, par le fer et le feu, une unanimité politico-théologique (« un roi, une loi, une foi », juraient les Ligues catholiques). Donc, en s'entendant *a minima* pour éviter le péril de s'entre-massacrer. Donc à convenir que les deux partis pratiqueront le service divin de leur choix. L'adage, prêté à Henri IV, le roi réconciliateur, résume le fondement de « la paix de religion » : Paris vaut bien une messe. Entendons : je me convertis – une fois, deux fois, trois fois... multiples allers et retours, plutôt plusieurs fois qu'une ! – pour éviter que les Saint-Barthélemy et des vengeances non moins massacreuses ne finissent par détruire Paris et ses Parisiens.

Pareil primat « socratique » des soucis terrestres sur des litiges célestes définit l'engagement des « politiques ». Ces derniers parvinrent à imposer aux fanatiques (« notre outrecuidance veut faire passer la divinité par notre estamine ») une sagesse universelle par la négative « je sçay bien ce que je fuis, mais pas ce que je cherche ».

La sortie de l'état de haine n'eut pas lieu d'un coup d'un seul. De multiples « assemblées de paix » dispersées nouèrent, dans les villes et les bourgades du territoire, des « pactes d'amitié », qui constituaient autant de contrats dépourvus de sacralité, où les habitants divisés par leurs fois s'assuraient réciproquement contre le retour des tumultes. « On gardera la ville nuy et jour des voleurs pour ne pas être surpris ni d'une religion ni de l'autre », conviennent les habitants de Nyons[1]. Les commissions « Justice et Liberté » en Afrique du Sud, qui soldent en public les comptes tragiques de l'apartheid sont aujourd'hui une possible réplique des pacifications religieuses d'antan.

Selon les temps et les espaces, les références au Bien, au Roi, à la Démocratie, etc., varient, mais le ressort de la nouvelle entente demeure. Il faut que les enjeux terrestres

1. Olivier Christin, *La Paix de religion*, Le Seuil, 1997, p. 205.

l'emportent sur les insolubles querelles théologiques, raciales ou xénophobes.

« Ce qui poind, touche et esveille mieux que ce qui plaist. Ce temps n'est propre à nous amender qu'à reculons, par disconvenance plus que par accord, par différence que par similitude. Estant peu aprins par les bons exemples, je me sers des mauvais, desquels la leçon est ordinaire. » S'entendre à reculons, plutôt que d'escalader le ciel ! Le projet est de s'allier dissuasivement, négativement, contre les périls qui menacent la demeure, et non persuasivement, positivement en spéculant sur nos multiples espérances extraterrestres. Il ne va pas de soi. La possibilité pour des adversaires de combattre côte à côte des dangers mortels implique un axiome anthropologique, condition *sine qua non* du pari de Montaigne : non seulement tous les hommes sont mortels, mais chacun peut considérer qu'il l'est. Soit, l'évidence du Mal est plus convaincante que l'illusion du Bien.

En apparence rien n'est moins assuré que notre finitude. Je n'ai pas l'expérience de **ma** mort et moins encore de notre mort générale. Lorsque nous sommes la mort n'est pas, lorsque la mort est nous ne sommes plus, remarque Epicure. Indiscutable ! Reste qu'il faut éviter d'en inférer que la mortalité est incertaine, pour ce qu'aucune expérience ne sait en valider ou en invalider la vérité. Les philosophes qui « apprennent à mourir » concluent inversement : pour chacun le décès des proches et le massacre des peuples paraissent témoigner de notre vulnérabilité, parce que l'idée de mort est constitutive de l'humanité de l'homme. L'horizon de notre mortalité, a priori indépassable, éclaire toute expérience humaine, parce qu'il précède chacune. Même lorsque Socrate, selon le *Phédon* de Platon, entend « prouver » l'immortalité de l'âme, il présente cette option comme un « beau risque » qui mérite d'être couru. Il parie sur l'âme immortelle, comme Pascal sur Dieu. Il sous-entend que l'évidence de la mort est première, puisqu'elle fait paraître l'immortalité désirée comme un « risque », un saut dans l'au-delà inconnu d'une mort trop connue. On sait qu'on va mourir. On croit, ou on ne croit pas, en « l'immortalité ». La « leçon est ordinaire », le bon sens partagé.

Qu'est-ce qu'un être humain ? Un mortel, répondent les Grecs anciens. Un mortel qui n'est pas Dieu et qui court à l'abîme s'il se prend pour un dieu, précisent leurs poètes et leurs philosophes. Serait-ce là une lubie euro-centrique ? Ou bien s'agit-il de la plus universelle et première vérité, entendue dans les grottes de Lascaux comme aux antipodes de l'Occident ? Oui. Les Indiens de l'Amérique précolombienne n'ignoraient pas qu'ils étaient mortels, leur problème était les conquistadores à cheval : des dieux ? ou des hommes ? « Les Indiens s'employaient à capturer des Blancs et à les faire périr par immersion, puis montaient pendant des semaines la garde autour des noyés afin de savoir s'ils étaient ou non soumis à la putréfaction, écrit Lévi-Strauss, tandis que les Blancs proclamaient que les Indiens étaient des bêtes, les seconds se contentaient de soupçonner les premiers d'être des dieux. A ignorance égale, le dernier procédé était certes plus digne d'hommes[1]. »

*

Le rapport du Congrès américain (juillet 2004) ne se borne pas à repérer les failles et les impérities qui favorisèrent l'attentat du 11 septembre. Il tente de tirer des leçons pour l'avenir qui, encore trop discrètement certes, transforment profondément le cadre spatio-temporel et le concept de « guerre contre le terrorisme » :

1. Loin de réduire le défi à celui d'une opération de

---

1. C. Lévi-Strauss, *Tristes Tropiques*, Pocket, p. 80-81.

police ou d'une expédition militaire promettant d'éradiquer les appareils de terreur, l'affaire est de longue durée, un combat pour une génération ou plus[1].

2. Loin de se limiter à la mise en œuvre des pressions matérielles, économiques, techniques et si nécessaire militaires, il faut de surcroît entreprendre à l'échelle planétaire une « bataille des idées » autrement compliquée et subtile[2].

3. Loin de se contenter du blocage, de la neutralisation ou du renversement des dictatures propices au terrorisme, l'important est d'édifier dans le long terme des Etats de droit viables (« nation building »).

Ces perspectives nouvelles s'établissent à l'échelle des décennies. Les experts qui se satisfont de compter sur leurs doigts les morts et les attentats de la semaine ou du jour pour juger de la réussite ou de l'échec de la guerre contre le terrorisme seront dépaysés. Mais pas le lecteur attentif de Montaigne. Il sait que sortir de l'état de haine (baptisé à la va-vite, hier comme aujourd'hui : « guerre de Religion ») n'est pas à la portée des seuls pouvoirs publics et de leurs états-majors. Est requise la participation de citoyens résolus à rompre avec le terrorisme nihiliste et à interrompre ses stratégies du chaos. Voilà la grande découverte que les *Essais* publient en bon français : les prétendues « guerres de Religion » ne sont pas des guerres entre religions, ni celles de dieux contre d'autres dieux, ni celles de fidèles contre les incrédules. Les « guerres de Religion » divisent toutes les sociétés et toutes les religions de l'intérieur, elles sont l'œuvre d'une volonté de puissance (« outrecuidance », disent les *Essais*) bien moderne qui s'autorise du ciel pour asservir la terre.

Du temps de Montaigne, le sort de la France se décidait sur tout le territoire, dans les bourgs et les agglomé-

1. *Rapport 11/9*, *op. cit.*, p. 361 et sq.
2. *Ibid.*, p. 375.

rations moyennes, pas seulement à Paris. A notre époque, une victoire sur le terrorisme dépend d'initiatives au sommet et plus encore, assurément, du choix auquel procède en son âme et conscience l'humble habitant, objet potentiel des attentats indiscriminés. Eu égard aux prévisions démographiques, le sort du XXIe siècle se décidera pour l'essentiel dans les mégabidonvilles qui essaiment planétairement. Cela n'eût que très peu surpris l'auteur des *Essais*, qui affirme combien, face à la mort, à la cruauté et aux délires fanatiques, nous sommes égaux, capables du pire comme du meilleur, qu'on soit gueux ou privilégié. Montaigne écrivait en français plutôt qu'en latin, parce qu'il savait que la bataille des idées se joue en d'humbles et faillibles cervelles, pas seulement dans les anciennes et nouvelles Sorbonne. Le pari de Montaigne place chacun devant ses responsabilités, celle de regarder les périls sans ciller, et celle, dans la mesure du possible, de tenir tête.

Les sept fleurs de haine

1. La haine existe, même si ses fidèles prétendent travailler pour le bon motif et ne se reconnaissent pas dans le portrait que je leur présente. Pourtant je n'invente pas leur négativité nue, saint Augustin l'avait partagée avec ses copains « faiseurs de mal », du temps de sa jeunesse folle[1]. Thucydide la repère florissante en Alcibiade, gloire éphémère d'Athènes. Malaparte la dissèque dans le beau monde nazi qu'il fréquente en Pologne puis en Croatie pendant la Deuxième Guerre mondiale. Soljenitsyne et Chalamov la rencontrent au Goulag et des millions en témoignent dans leur chair. Rien n'y fait, ni les bien-pensants du jour, ni l'université ni assurément les haineux eux-mêmes n'admettront que la rage de détruire pour détruire sévit à l'état pur... jusqu'à ce qu'elle les croque.

2. La haine se maquille de tendresses. N'est-ce point sur fond de compassion pour sauvegarder harmonie et sérénité que la haine exclut et exécute ? N'est-ce point l'image sublime de la femme poétique et pure qui vaut aux femmes réelles et prosaïques la méfiance qui les entoure et la réprobation qui les claquemure ? N'est-ce

1. *Confessions*, Livre II : « Commettre une mauvaise action pour le seul plaisir de la commettre. »

point le salut céleste ou patriotique ou planétaire que le Juif retarde, salit ou pervertit sans recours ? N'est-ce point l'ordre du monde et la paix universelle que l'Amerikkke trouble ? Les derniers quarts d'heure de l'état de haine s'assument impitoyables et sanglants afin d'introduire l'éternelle félicité d'une humanité réconciliée, les splendeurs d'une communauté – Ouma – édénique et fraternelle, l'empire millénaire d'une race blonde et supérieure. Ainsi la haine se drape d'alibis. Peut-être me trompé-je, concédera-t-elle, mais j'ai cru bien faire, je suis de bonne foi et pas une miette méchante ; le pervers c'est toi, qui oses me supposer telle.

3. La haine est insatiable. Elle choisit avec soin ce qu'elle adore et ce qu'elle abomine, afin de détester plus encore, et se donner les moyens de haïr sans relâche et sans fin. La femme qu'elle glorifie et poursuit inlassable est celle qui n'existe pas, c'est l'anti-femme qui garantit ce qu'aucune femme ne saurait garantir : qu'il n'y aura dans un couple, des deux côtés, ni faille, ni tromperie, ni infidélité, et que l'enfant est l'immortalité du parent. La mission généreusement assignée au Juif n'est pas moins impossible, il faut qu'il assure de son vivant de juif qu'il est mort comme juif parce que parfaitement converti, ou mieux assimilé que quiconque à quelque communauté populaire – nationale, ou convaincu sans retour que le règne de la Conscience mondiale est arrivé, à laquelle il sacrifie sa mémoire, son cœur et sa sécurité. Quant aux Américains dont il est exigé qu'ils fassent bon usage de leur hyperpuissance, ils ne risquent guère d'obtempérer, ayant appris à leurs dépens, depuis le 11 septembre, combien leur prétendue toute-puissance est chimérique. A demander trois fois l'impossible, la haine se promet insatisfaite en permanence, donc sûre et certaine de ne jamais s'interrompre.

4. La haine promet le paradis Les trois objets fétiches qui entretiennent sa folie balisent une condition terrestre qu'elle récuse d'emblée. La femme, c'est la vie en ce qu'elle a de non-divin, les risques de l'irréductible différence entre toi et moi, entre aujourd'hui et demain, le coup de dés qui jamais n'abolira le hasard. Le Juif c'est l'hôte étranger, l'objection faite chair à une identité fusionnelle, la différence originelle, la nécessité de parler pour s'entendre sans qu'une entente préalable, maternelle et muette garantisse la vérité des mots échangés. L'Amérique vulnérable et faillible, c'est le degré zéro de la providence, une divinité en terre lamentable, privée de son omnipotence et de son omniscience. Jadis, racontent les légendes, hommes et dieux parlaient la même langue, vivaient la même vie, partageaient des festins d'éternité : la haine campe dans cette mythique préhistoire, elle n'accepte ni la séparation des sexes, ni celle des langues, ni celle des mortels et des immortels.

5. La haine se veut Dieu créateur. Les modernes, qui font mine de ne plus croire aux contes à dormir debout, ont tourné autrement une identique aspiration à s'autodiviniser. A l'époque bénie où l'Europe se croyait immortelle, dont elle a tant de mal à faire son deuil, l'individu éclairé pensait son rapport au monde et à lui-même selon trois axes – vie, langage, travail. Ces idées régulatrices – des « quasi-transcendantaux », dit Michel Foucault – sont autant de repères a priori qui permettent à l'Européen du XIXe siècle de s'identifier comme être vivant, parlant et produisant. Il saute aux yeux que les condensateurs privilégiés de haine troublent les trois ordres d'expérimentation de soi. La transmission de la vie est perturbée par la différence sexuelle, à charge pour les femmes malades et perverses, sorcières ou geishas, d'assumer le poids du péché. L'âme de la langue authentique, parce que maternelle, est profanée par le Juif sans racines qui contamine les sociétés closes et introduit mensonges et artifices dans la voix du peuple jusqu'alors naturelle, donc romantiquement infaillible. Quant aux désordonnés échanges mondiaux, ils interdisent à une communauté soudée de se produire et reproduire à huis clos. Pour divinement travailler, baiser et penser arabe, ou français, ou croate, ou grec, brésilien, italien, russe, soudanais voire syrien, il faut, vive la haine, contrôler le sexe faible, éliminer le facteur juif et bouter dehors l'Américain. Alors la haine vous couronne Dieu.

6. La haine aime à mort. Aux femmes, elle demande de disparaître sous un voile, de se vouer à l'informe, de s'ensevelir dans le silence, de s'enterrer vivantes. Des Juifs, elle exige qu'ils se fondent dans le paysage, qu'ils parlent pour nier qu'ils sont, qu'ils se suppriment comme autres, puis qu'ils suppriment cette suppression, qu'ils se fassent oublier sous peine qu'on les y aide de manière forte. Quant aux Américains, ils n'ont d'autre issue que de s'afficher tous anti-Américains. Témoin, la campagne électorale de 2004 : le challenger de « Bush, nazi », John Kerry, était élu d'office par tous les anti-Américains de la terre. Il avait beau déclarer son approbation de l'intervention armée en Irak, « même sachant désormais que Saddam ne possédait pas d'armes de destruction massive ? – Oui, même sans ce motif », qu'importe ? C'est tout ou rien. Puisque Bush incarne l'Amerikkke, l'anti-Bush incarne la « bonne Amérique », en attendant de passer à son tour grand épouvantail. La femme doit se suicider en tant que femme, le Juif en tant que juif, l'Amérique en tant qu'Amérique. Que demande la haine aux objets qu'elle poursuit de son « amour » ? Elle leur demande de se donner la mort. Quitte à appuyer sur la gâchette s'ils rechignent.

7. La haine se nourrit de sa dévoration. Le soldat de la haine ne cherche le salut de personne que de lui-même, le mâle élu de Dieu veut se sauver de la femme, comme la communauté sainte et saine de l'infection juive, comme les guévaristes des Rencontres altermondialistes entendent se préserver du cancer américain. Prescrivant les plus radicales mortifications afin d'atteindre, délivrée de toute attache terrestre, quelque céleste extase, Madame Guyon concluait : « Le pur amour se hait lui-même[1]. » Le secret mystique des apocalypses vulgaires tient dans l'aversion de l'intégriste pour sa propre image, qui lui rappelle cruellement une condition mondaine et mortelle. Honte de soi et projet d'être dieu naviguent côte à côte ; à chaque être qu'elle croise, embrasse et embrase, la haine adresse sa demande suicidaire de faire du suicide la chose du monde la mieux partagée. En quoi elle s'avère l'inverse exact du bon sens.

*

Eprouverais-je de la haine pour la haine ? Pas un brin. Je l'ai découverte butée et brutale, mais surtout bête à mourir dans sa volonté originelle de s'égaler à Dieu. Elle décide de l'alpha et l'oméga de la création, elle se croit tout permis, elle coasse et sautille comme une grenouille s'autorisant de Jupiter tonnant. Les honnêtes gens, les religieux sincères, les réalistes sans illusions ont l'intelligence de leurs limites, ils n'ont pas besoin de haïr la haine pour combattre sa folie meurtrière et sourire de son ridicule.

1. Lettre de Madame Guyon à Fénelon, 1688, cf. J. Le Brun, *Le Pur Amour de Platon à Lacan*, Le Seuil, 2002, p. 47.

Table

La photocomposition de cet ouvrage
a été réalisée par
GRAPHIC HAINAUT
59163 Condé-sur-l'Escaut

Cet ouvrage a été imprimé par la
SOCIÉTÉ NOUVELLE FIRMIN-DIDOT
Mesnil-sur-l'Estrée
pour le compte des Éditions Plon
76, rue Bonaparte
Paris 6e
en octobre 2004

Imprimé en France
Dépôt légal : octobre 2004
N° d'édition : 13824 - N° d'impression : 70321